VIAJANTE CHIC

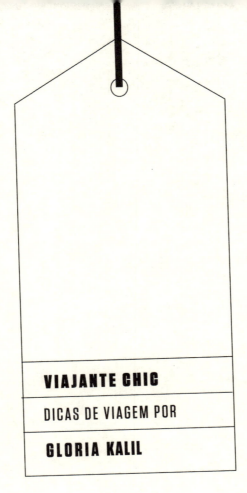

VIAJANTE CHIC

DICAS DE VIAGEM POR

GLORIA KALIL

AGIR

© da edição, 2012 by Gloria Kalil
© das ilustrações, 2012 by Veridiana Scarpelli

Direitos de edição da obra em língua portuguesa no Brasil adquiridos pela Agir, selo da EDITORA NOVA FRONTEIRA PARTICIPAÇÕES S.A. Todos os direitos reservados. Nenhuma parte desta obra pode ser apropriada e estocada em sistema de banco de dados ou processo similar, em qualquer forma ou meio, seja eletrônico, de fotocópia, gravação etc., sem a permissão do detentor do copirraite.

EDITORA NOVA FRONTEIRA PARTICIPAÇÕES S.A.
Rua Nova Jerusalém, 345 – Bonsucesso – 21042-235
Rio de Janeiro – RJ – Brasil
Tel.: (21) 3882-8 200 – Fax: (21) 3882-8212/8313

CIP-Brasil. Catalogação na fonte
Sindicato Nacional dos Editores de Livros, RJ

K21v

Kalil, Gloria
Viajante chic: dicas de viagem / por Gloria Kalil ; ilustrações Veridiana Scarpelli. 2.ed. - Rio de Janeiro: Agir, 2012.
168p.: il.; 21cm

ISBN 978.85.220.1419-4 (brochura)

1. Viagens - Guias. 2. Viagens - Planejamento. 3. Etiqueta de viagem. I. Título. II. Série.

CDD: 395.3

CDU: 395

VAMOS? p. 8

1 — INTRODUÇÃO p. 11

2 — PLANO DE VIAGEM

PROVIDÊNCIAS GERAIS ANTES DE VIAJAR	P. 18
É CHATO, MAS É ASSIM (IDENTIDADE, PASSAPORTE, CARTEIRA INTERNACIONAL ETC.)	P. 25
NACIONAL OU INTERNACIONAL?	P. 37
VALE A PENA TER UM AGENTE DE VIAGEM?	P. 39
HOTEL, FLAT OU CASA DOS OUTROS?	P. 50
DINHEIRO (CHEQUES, CARTÕES ETC.)	P. 54
MELHOR PREVENIR...	P. 56
PALAVRAS MÁGICAS	P. 58

3 — MOTIVOS DE VIAGEM

FÉRIAS DE FAMÍLIA & COMPANHIA	P. 62
VIAJANDO COM OS AMIGOS	P. 68
LUA DE MEL	P. 70
TEMÁTICAS	P. 72
NEGÓCIOS	P. 73

COM QUE MALA?

4

ASSUNTOS QUE MERECEM SUA ATENÇÃO ANTES DE FAZER A MALA	**P. 81**
PASSO A PASSO PARA ARRUMAR SUA MALA	**P. 84**
BAGAGEM DE MÃO	**P. 91**
ROUPA PARA VIAJAR	**P. 95**

NO AR

5

QUE CLASSE!	**P. 100**
NA FILA DO CHECK-IN	**P. 101**
NA SALA DE EMBARQUE	**P. 103**
DENTRO DO AVIÃO	**P. 104**
DEPOIS DO VOO	**P. 108**
A VIAGEM CONTINUA: CONEXÕES E ESCALAS	**P. 110**

6 | NO MAR

O CRUZEIRO DOS MEUS SONHOS...	**P. 117**
A ESCOLHA DA CABINE	**P. 118**
O EMBARQUE	**P. 119**
VIDA A BORDO	**P. 121**
DESEMBARQUE	**P. 125**

EM TERRA

7

NO HOTEL	P. 130
HÓSPEDE NA CASA DOS OUTROS	P. 133
BOAS COMPRAS	P. 135

8 | TURISMO EXÓTICO P. 141

9 DE MALAS PRONTAS

VERÃO NA CIDADE	P. 149
INVERNO NA CIDADE	P. 150
INVERNO NO CAMPO	P. 152
FÉRIAS DE VERÃO NA PRAIA (COM OPÇÕES DE ROUPAS PARA NATAL E *RÉVEILLON*)	P. 153
VIAGEM DE NEGÓCIOS	P. 155
NA MALA MASCULINA	P. 157
NAVIO: TUDO O QUE VOCÊ TEM QUE LEVAR NA MALA PARA CURTIR EM ALTO-MAR	P. 158
VIAGEM DE FINAL DE SEMANA	P. 160
A MALA DO BEBÊ (VIAGEM DE 7 A 10 DIAS)	P. 162

AGRADECIMENTOS P. 167

VAMOS?

O assunto deste livro é, além de chic, uma farra, uma delícia: viagens! Viagens para marinheiros de todas as categorias: os que se aventuram pela primeira vez fora de casa e os que têm rodinhas nos pés e vivem passeando pelo mundo.

Pertenço à turma desses últimos, os loucos por viagem. Amo voltar a todos os lugares lindos que já visitei, assim como amo visitar países em que nunca pisei antes e onde me sinto completamente afastada da minha zona de conforto.

E você? A que categoria pertence?

Não importa. A animação, a aflição, a correria, o friozinho na barriga que qualquer viagem provoca atinge todo tipo de viajante, os experientes e os novatos.

Tem como diminuir as tensões e só deixar espaço para as expectativas gostosas? Tem. Com organização e planejamento.

Coloco o pé na estrada várias vezes por ano. Muitas viagens curtas pelo Brasil por conta de trabalho; muitas praias para férias de verão; e ao menos duas viagens por ano para o exterior para um mix de trabalho com descanso. Sou uma viajante calejada e, portanto, posso ajudar a tornar sua viagem mais fácil e prazerosa, desde a preparação até o retorno.

Deixe que eu ajude você a fazer as malas, a não esquecer nenhum documento ou remédio que vão acabar com sua festa caso fiquem para trás, a se livrar de um chato que faz parte da excursão, a lembrar de seus direitos caso percam sua mala (Deus me livre, bata na madeira três vezes) e até mesmo a encarar o imprevisível. Sim, porque em viagem o imprevisível não costuma falhar.

Por mais que se planeje, sempre estaremos diante do acaso. Ao preparar este livro pedi aos internautas do meu site, o www.chic.com.br, que mandassem relatos de suas andanças pelo mundo: histórias engraçadas ou micos inacreditáveis, que aconteceram de verdade e que seriam úteis para quem está afivelando malas. Eles participaram e contribuíram demais com o livro. Nem sei como agradecer!

Vamos embarcar juntos nesta viagem? Vou adorar sua companhia.

1
INTRODUÇÃO

QUEM TEM BOCA VAI A ROMA...

...mas quem tem olhos também. Como se sabe, brasileiro não lê, brasileiro pergunta. Por ser um povo comunicativo, e também por morar num país que, por séculos, conviveu com uma população de muitos analfabetos, nós não temos o hábito de ler avisos, painéis informativos, cartazes, placas indicativas. A primeira coisa que fazemos é olhar para a pessoa mais próxima e, num tom simpático, perguntar o que queremos saber, mesmo que a informação esteja bem na nossa frente num aviso enorme e bastante claro. Já reparou nisso?

Patrícia Rosa e Nina Marinetti chegam ao seu quarto de hotel na Indonésia depois de horas e horas de aviões e mudanças de países e aeroportos. Entram, acaloradas da viagem, tiram os jeans e apenas de camiseta saem para um pequeno terraço num ângulo do quarto onde vão, fissuradas, fumar um cigarrinho depois de tanto tempo de abstinência. Foi as duas saírem para a porta bater, e elas percebem, para grande desespero, que ficaram trancadas do lado de fora. Meio peladas e sem ter como se comunicar com o pessoal do hotel.

O quarto era de frente e dava para uma grande avenida onde carros, ônibus e caminhões andavam em alta velocidade e ninguém passava a pé. As duas gritavam e gesticulavam para ver se alguém as via e se aproximava para um socorro. Nada. O barulho do trânsito abafava os gritos e ninguém olhava para o quarto. Depois de quatro horas de desânimo, pânico e medo, um guardinha do outro lado da avenida focou na direção delas e veio andando até entender que o pedido era de ajuda. Tudo isso por quê? Porque não leram um aviso na parede perto da porta que, bem grande, dizia que ela não abria por fora.

SEM MEDO DE SER TURISTA

Nada mais esnobe do que querer parecer *insider* de um país ou de uma cidade estrangeira. A menos que a pessoa more lá, ou, pelo menos, tenha uma casa ou apartamento na tal cidade, o que ela vai ser sempre é uma turista. Uma turista sambada que domina a geografia da cidade ou uma turista novata que chega pela primeira vez a um lugar.

Por que as pessoas detestam ser chamadas de turistas? Porque acham mais chic dizer que são viajadas e que já dominam o lugar. Adoram mostrar o tempo todo que "são de casa".

Aliás, essa síndrome besta faz alguns desses *insiders* perderem passeios maravilhosos e lugares incríveis só para não se misturarem aos "novos viajantes". Conheço um casal que tem um apartamento perto da torre Eiffel em Paris e que jamais subiu nela para não se misturar aos milhares de turistas que fazem esse passeio maravilhoso diariamente. Pois eles não sabem o que perdem: uma das vistas mais lindas da cidade (e bem ao lado do apartamentinho deles).

Por isso, fique esperto. Toda vez que o guia der alguma estrela para um lugar, um passeio, um monumento, não hesite: vá conferir; ninguém ganha uma estrela à toa. Quanto mais estrelas tiver, mais lindo o lugar. O mesmo vale para as placas de Belvedere (que em italiano quer dizer "bela vista") — não conheço belvedere malcolocado ou indicando um lugar sem graça. Viu uma placa escrita Belvedere? Pare e prepare-se para um momento de beleza e respiro.

PLANO DE VIAGEM

NA PRIMEIRA VEZ A GENTE SEMPRE ESQUECE (E NAS OUTRAS TAMBÉM...)

Dificilmente você não esquece alguma coisa na sua primeira viagem (e, muitas vezes, em qualquer viagem). Pode ser um par de luvas, o cinto de um paletó sem o qual toda a trabalheira de carregar o dito-cujo fica sem sentido, o kit de unhas, a parte de cima do pijama, os biquínis escolhidos a dedo. São coisas que chateiam, mas que têm solução possível. Dureza é esquecer em casa algum documento sem o qual você não embarca, um remédio que precisa de receita, os óculos de grau, seu equipamento de última geração com a agenda de endereços da sua vida.

Por isso, sendo ou não sua primeira viagem, sendo ela curta ou longa, qualquer uma pede um tanto de concentração no seu planejamento.

PROVIDÊNCIAS GERAIS ANTES DE VIAJAR

► Saber o clima. É época de chuva, de frio, de calor? O clima é seco ou úmido? É época de inundações, nevascas, ou de outras "catástrofes naturais" — daquelas que, infelizmente, podem acontecer?

► Os que gostam de paz e calma vão se sentir num paraíso ao viajar na baixa temporada. Além dos preços mais baixos, bom atendimento nas lojas e hotéis, praias vazias, lugares em restaurantes e, maravilha das maravilhas, ruas com menos trânsito. Normalmente é o período entre os meses de março e maio, bem como de agosto a novembro... Mas nem sempre a regra funciona, especialmente quando há eventos importantes ou datas marcantes.

Estive em Veneza no comecinho de um mês de setembro, para visitar a bienal. Achei que a cidade estaria mais calma, pois as férias de julho, quando a Europa toda viaja de férias, já teriam terminado. Vocês não imaginam o susto: Veneza parecia um formigueiro humano. Milhares de pessoas se comprimiam pelas ruelas e pelas praças num agito frenético. Na Piazza San Marco e em frente à catedral, as filas e a massa humana (sem falar nos pombos) eram de dar medo. Tive que combinar com amigos pontos estratégicos de encontro, caso alguém se perdesse na multidão. Um inferno. Imagino o horror que os moradores dessa inacreditável cidade, construída em cima de águas, devem ter quando as férias se aproximam e eles sabem que serão invadidos por gente do mundo todo. Nem nas farmácias se consegue entrar sem ter que esperar em filas enormes. Alguém já foi à rua 25 de Março, em São Paulo, numa véspera de Natal? Ou ao Saara, no Rio de Janeiro, perto de um Dia das Mães? Pois Veneza é dez vezes pior!

▶ Os que estão em busca de agitação preferem, é claro, a alta temporada. Em geral, o período de férias escolares ou de festas: os meses de janeiro, fevereiro, junho, julho e dezembro.

▶ No mundo todo é importante considerar os períodos de festas (Natal, *réveillon*, dependendo, claro, da religião e dos costumes) e de feriados prolongados. Em todo lugar, é momento de grande agitação.

- ▶ Leve com você um guia da cidade aonde vai e marque de forma bem visível o lugar do seu hotel.
- ▶ Assim que chegar a uma cidade nova, peça um mapa na portaria do hotel, compre um numa banca de jornal ou lance mão do seu GPS para se localizar e para calcular o que vai poder fazer a pé, e a que distância ficam os pontos que pretende visitar.
- ▶ Faça contato com pessoas que viajaram para o mesmo lugar que você, ou pegue boas dicas e endereços de amigos nativos. Nem o melhor guia do mundo substitui a dica de quem conhece seus gostos!

VIAGEM SEMPRE TEM IMPREVISTO...

O Vinicius Castro Alves passou um ano planejando sua primeira viagem de avião e internacional, com destino a Buenos Aires:

"Comprei as passagens, aluguei apartamento. Pesquisei tudo o que podia sobre a cidade: desde a localização dos pontos turísticos até os golpes comuns dados por batedores de carteira e problemas com taxistas. Tudo para ser perfeito! Mas eis que chego a Buenos Aires e sou informado pelo taxista de que a cidade inteira estava fechada, por duas razões: era dia do Censo (na Argentina, as pessoas não trabalham, pois têm que ficar em casa aguardando a visita do recenseador); e havia falecido o ex-presidente Néstor Kirchner. Resultado:

a metrópole inteira *fechada*. Não tinha onde trocar dinheiro. Não tinha onde comer. Não tinha o que fazer. Aquilo me espantou. Dá pra imaginar uma metrópole, às 14h, não ter um fast-food aberto, ou um supermercado? Desesperador! A sorte foi que a empresa que me alugou o apartamento aceitou receber em reais (o que não estava previsto no contrato) e eu havia levado na bagagem um pacote de biscoito. No meu primeiro dia (tão sonhado, esperado), passei trancado dentro do apartamento comendo biscoito de água e sal. Isso provou que, por mais organizada e planejada, sempre há imprevistos numa viagem, seja porque irão contar a população do país, seja porque morreu o ex-presidente amado por todos. Aprendi que, além de biscoitos, não podem faltar na mala umas barrinhas de cereais, amendoins, senão você passa fome mesmo. No fim, de forma encantadora, Buenos Aires reverteu a situação e me presenteou com boas lembranças."

- ▶ Se for viajar para um país que não conhece, antes da viagem, vá a uma boa livraria e compre um guia com mapa para ir se familiarizando com a língua, a moeda, os hábitos, os passeios, os restaurantes, os hotéis de cada uma das cidades que for visitar. É o melhor jeito de você acertar na localização do hotel (assunto vital em uma viagem), além de já ser uma deliciosa antecipação do seu passeio.
- ▶ Ter um dicionário para consultar frases básicas é mesmo uma mão na roda. Maria Taciana Pereira de Mendonça que o diga! Ganhou uma viagem ao Canadá: dez dias, com direito a acompanhante, para visitar Toronto, Montreal e Québec.

"Levei minha mãe comigo. Mas, detalhe: não sabíamos falar inglês, exceto algumas palavrinhas soltas. Ao saber que teríamos guia conosco nos três primeiros dias, fiquei tranquila. Porém, no quarto dia, quando estávamos voltando para o quarto, demos falta do cartão-chave. Desci para providenciar outro. Fiz gestos para o rapaz da recepção, tentando mostrar que o cartão ficara dentro do quarto. Para meu alívio, ele pareceu entender o ocorrido. Em seguida, checou meu documento de identidade e me acompanhou para abrir novamente a porta. Pulei de felicidade por ter dado certo o nosso 'diálogo'. Mas aprendi uma lição: procure aprender o básico da língua do país em questão, porque imprevistos sempre podem acontecer!"

▶ Informe-se sobre hábitos que podem interferir nos seus planos: a hora de repouso após o almoço em alguns países europeus (*siesta*); o feriado aos sábados (sabá) em Israel; hábitos alimentares etc. E muito cuidado com as restrições e rituais religiosos de culturas diferentes da sua.

Marta Cruz Castro e o namorado chegaram a uma *villa*, em Florença, aonde foram convidados pelos proprietários, amigos italianos. Chegam à noite e tratam logo de arrumar os aposentos destinados a eles: abrir janelas, achar o armário das toalhas de banho e dos lençóis, tirar os panos que protegem os móveis estofados e os abajures. Ajeita daqui e ajeita dali, Marta coloca o tapetinho que estava enrolado num canto na porta do banheiro. Em seguida, eles saem para jantar e, depois, se jogam na cama, exaustos pelo dia de viagem e de tantas novidades.

Na manhã seguinte, bem cedo, a porta do quarto se abre com estrondo e uma mulher nigeriana entra aos gritos — era a faxineira que cuidava da casa. Susto e pânico. De que se trata? Difícil entender o que ela fala, especialmente porque o tom é exaltado e a frase, dita aos trancos. Marta se levanta, enquanto o namorado se encolhe embaixo dos lençóis, e tenta acalmar a mulher, que faz gestos largos, levando-a até o banheiro e mostrando o tapetinho no chão.

Depois de algum tempo o mistério se revela: sem saber, Marta havia pegado o tapetinho de oração da mulher, uma muçulmana tradicional que o usava para rezar várias vezes ao dia. Muitas desculpas ditas em varias línguas e em muitos tons não conseguiram convencer totalmente a mulher, que saiu batendo a porta para nunca mais aparecer durante a estada do casal.

- ▸ Roupas proibidas. Cuidado para não fazer como o príncipe britânico Jorge VI, que desembarcou no Brasil, na década de 1930, com um conjunto safári bege como se estivesse caçando nas selvas africanas. Será que não havia ninguém no cerimonial para impedir o príncipe, até simpático, de fazer esse papel? Consulte-se antes sobre o costume do país.
- ▸ Procure ir a todos os lugares cinco estrelas recomendados nos guias: são sempre bons.
- ▸ Não deixe de ir ao mercado municipal. Não tem jeito melhor de conhecer um lugar do que ver o que as pessoas comem.

EXCESSOS QUE VOCÊ PODE EVITAR:

- Agendar compromissos de mais e prazer de menos.
- Estourar o cartão de crédito.
- Excesso de peso (seu e da mala).
- Achar que tem que trazer uma lembrancinha para todo mundo (do porteiro do prédio ao chefe, da manicure a todas as gerações da família).
- Fazer piadas em público com o sotaque alheio. Português e espanhol, bem ou mal, são línguas que todo mundo entende. De modo que não tem a menor graça falar aos gritos na frente de um português que "bicha" é "fila" e fazer disso piada entre os amigos.

Fabiola de Freitas Miranda Costa cometeu essa gafe. Ela já morava em Londres quando decidiu viajar com a amiga, Mari, para Espanha e Grécia. Depois de desencontros nos aeroportos de Londres, excessos de bagagem de mão (com direito a esconder roupas e acessórios no sobretudo e jogar produtos de higiene pessoal no lixo) e voos perdidos por se esquecerem da vida num sarau em Barcelona, a aventura das duas rendeu história até o último momento, na volta de Atenas:

> "Entramos na van do transfer, onde dois rapazes também estavam. Sem saber que eram brasileiros, pois não tinham cara de latinos, comentamos que deveriam ser gays e que era uma pena, já que eram bonitos. E não é que eles nos entenderam? A sorte é que não devem ter se importado tanto,

pois engatamos um papo divertido logo em seguida. E ninguém tocou no assunto da nossa gafe."

É CHATO, MAS É ASSIM
(IDENTIDADE, PASSAPORTE, CARTEIRA INTERNACIONAL ETC.)

TEM QUE COMPROVAR!

José de Arimateia Silva Junior foi preso pela Polícia Federal britânica no seu primeiro dia de casado! Ele mesmo conta o aperto:

"Estávamos lá, Juliana e eu, no aeroporto de Londres, exaustos, após 12 horas de voo. Detalhe: Maria, mãe do nosso amigo Sandro, que mora em Londres, estava conosco. Como eu já tinha ido a Londres, conhecia bem como funcionava a imigração. Mas nem por isso estava tranquilo. Ao contrário: estava muito tenso, pois, bem em frente aos guichês de entrada, lá estavam as cadeirinhas onde eles colocavam as pessoas que seriam deportadas. Eu estava morrendo de medo de me mandarem para lá. Pois bem, chegou nossa vez. Maria teve que ir sozinha para o outro guichê, mas, antes que ela fosse, pedi que tivesse uma intérprete para ajudá-la. No meu guichê, conversando no meu inglesinho mais 'sem-vergonha' possível, falei que havíamos nos casado na noite anterior e que estávamos em lua de mel. Meu desejo era mostrar Londres para a minha esposa. O atendente da imigração perguntou: 'Onde está a certidão de casamento?' Ao que respondi: 'Nos casamos ontem e, no Brasil, demora cerca de 15 dias para a certidão ficar pronta.' 'Mas como você quer que eu acredite que vocês se casaram, se não tem nenhuma prova?', retrucou. De repente, Maria sai do seu guichê, tenta conversar comigo. Pronto: foi a gota d'água! O policial gritou: 'Tirem essa mulher daqui!' 'É a Maria, que veio conosco, para visitar o filho que mora aqui', argumentei. O homenzinho enrubesceu e ordenou: 'Sentem-se ali naqueles bancos!' E o que eu mais temia ocorreu. Dali pra frente, fui separado de Juliana. Tiramos as famosas *mugshots*: aquelas fotos com parede ao fundo, segurando plaquinha com nomes e dados do passaporte, em várias posições. Em seguida, me levaram para uma sala com uma mesa e algumas cadeiras, todas presas no chão por correntes. A coisa ia ser pesada, pensei. Depois de oito horas e muitas perguntas, gritos, humilhações, batidas furiosas na mesa (a agente britânica era meio 'nervosinha'), Juliana lembrou que trazia o recibo de aluguel de som para a festa dentro da bolsa, assinado, com a data e com o nome dela. Eles aceitaram! Por milagre fomos liberados, Juliana e eu. Mas... e a Maria? Surgiu uma hora depois, cansadíssima, deixando pra trás um pacote imenso de cigarros que requereu muita explicação... Chorei até. Mas, enfim, iríamos curtir nossa lua de mel em Londres! (Sem a Maria, claro, que foi para a casa do filho.)"

Nesse assunto burocrático, não custa fazer uma lista mínima. Há coisas que você realmente não pode esquecer, sob pena de estragar a sua vida e a de quem estiver com você. Uma boa dica é tirar xerox de tudo e guardar com você no fundo da mala. E deixar os originais bem à mão! Nada de chegar ao balcão para o check-in e ficar revirando bolsos e pedindo pra abrir mala, perdido entre papéis. E mais: se você tem filhos, eles precisam estar documentados. Não adianta esbravejar com o atendente ou com o juiz de menores.

CHECKLIST DE DOCUMENTOS
(TUDO À MÃO, POIS PODEM SER PEDIDOS ATÉ NUMA ALFÂNDEGA MAIS CHATA)

- passaporte ou documento de identidade
- passagens
- reservas de hotéis e de outros serviços que você tenha contratado, como aluguel de carro, ingressos para shows, passeios — os chamados vouchers
- carteira de motorista internacional: tire antes de ir – é fácil
- carta de confirmação de cursos, participações em congressos, feiras, no caso de a viagem ter sido motivada justamente por alguma empresa ou instituição
- dinheiro, cheques de viagem, cartão de crédito

PASSAPORTE

É o seu documento de identidade internacional. Trate de providenciar, caso a sua viagem seja para fora do país ou para países que não aceitam nosso RG.

- Se você já possui um, verifique a data de validade e respectivos vistos. É muito importante entender que a validade do passaporte não tem nada a ver com a validade de vistos. Cuidado para não perder a viagem.
- Não há renovação automática; se o seu passaporte venceu, serão exigidos todos os documentos novamente.
- Seu passaporte vence em abril. Você acha que pode viajar em março? Por incrível que pareça, não pode! Alguns países exigem que o seu passaporte tenha no mínimo seis meses de validade. Dessa forma, peça um novo passaporte antes de o atual expirar, a fim de que sejam evitados problemas na Fiscalização Imigratória do país de destino.
- Menores de 18 anos, acompanhados de um dos pais ou desacompanhados, precisam apresentar autorização de viagem com firma reconhecida ou autorização judicial.
- Verifique a documentação necessária no site da Polícia Federal (www.dpf.gov.br).

BARRADO POR PROBLEMAS DE VISTO

É chato, mas países no mundo inteiro adotam medidas de controle para entrada e circulação de estrangeiros nos seus territórios. Por isso, tomar as providências legais para poder entrar em qualquer país faz parte do planejamento das viagens — seja para turismo, lazer, estudos ou trabalho.

- Cada país usa diferentes critérios e faz diferentes exigências para a entrada e permanência de estrangeiros. Não adianta saber como é que funciona na Finlândia, porque em Cuba é completamente diferente. Certifique-se junto à embaixada ou consulado do país para onde for viajar sobre quais são esses requisitos, dependendo do objetivo da sua viagem. Ou consulte o agente de viagem.

- Pode acontecer de o país recusar o seu visto de entrada. Amargue o "não" sem culpa ou vergonha, pois trata-se de loteria.

- Leve consigo os endereços e telefones das embaixadas e consulados brasileiros no seu país de destino. Pode ser útil em casos de emergência e problemas com documentos.

- Todos os países adotam penalidades extremamente rigorosas ao tráfico de drogas, sendo que alguns países aplicam a pena de morte a casos assim, independentemente do alegado desconhecimento quanto à legislação local.

FORMULÁRIO DE IMIGRAÇÃO E ALFÂNDEGA

O formulário é o que você recebe — no avião e no navio — para atestar sua entrada num país estrangeiro. Dê uma estudada no jeitão deles.

CARTÃO DE ENTRADA/SAÍDA		VIAJANTE		Número do seu voo	
TARJETA DE ENTRADA/SALIDA		CHIC		Vuelo / Matrícula	

Sobrenome / Apellido

Primeiro nome / Nombre

Tipo de documento / Tipo de documento — RG/DNI — L.E. — L.C. — Passaporte/Pasaporte — N°

Data de nascimento / Fecha de nacimiento — Dia/Dia — Mês/Mes — Ano/Año — Sexo/Sexo — M — F

Nacionalidade / Nacionalidad — Arg — Bra — Par — Uru — Bol — Chi — Outra/Otra

País de residência / País de residencia — Arg — Bra — Par — Uru — Bol — Chi — Outra/Otra

Endereço na Argentina / Dirección en Argentina

Estado / Provincia — **Cidade** / Localidad

USO OFICIAL / USO OFICIAL

Assinatura do passageiro / Firma del pasajero

LEGENDA 1. Número do seu voo. 2. Sobrenome. 3. Primeiro nome. 4. Tipo de documento: marque "RG" ou "Passaporte". 5. Número do documento. 6. Data de nascimento. 7. Sexo: masculino ou feminino. 8. Nacionalidade: Arg, argentina; Bra, brasileira; Par, paraguaia; Uru, uruguaia; Bol, boliviana; Chi, chilena; Outra. 9. País de residência. 10. Endereço na Argentina ou nome do hotel. 11. Estado. 12. Cidade. 13. Uso oficial: não escreva nada nessa área. 14. Assinatura do passageiro.

Preencha com atenção o cartão ou formulário de entrada e guarde o canhoto junto com seu passaporte, pois na saída você terá que apresentá-lo. Do contrário terá que pagar multas. Lembre-se também de que ele será o comprovante de sua saída de um país.

FORMULÁRIO DE ENTRADA NOS ESTADOS UNIDOS

VOO DE IDA

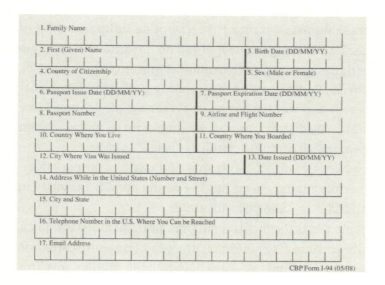

LEGENDA 1. Sobrenome. 2. O primeiro nome. Ex.: Maria; se for composto, Maria Cecília. 3. Data de nascimento. 4. País de origem. 5. Sexo (masculino ou feminino). 6. Data de emissão do passaporte. 7. Data de validade do passaporte. 8. Número do passaporte. 9. Linha aérea e número do voo. 10. País onde você mora. 11. País onde você embarcou. 12. Cidade onde o seu visto foi emitido. 13. Data da emissão do visto. 14. Endereço enquanto permanecer nos Estados Unidos — número e rua. 15. Cidade e estado. 16. Número de contato telefônico nos Estados Unidos. 17. Endereço de e-mail. OBS: Ao preencher, deixe um quadradinho de espaço entre cada palavra.

ALÔ, POLÍCIA!

Vai atravessar a fronteira? Então, prepare-se para dar satisfações e preencher formulários dando conta da sua entrada no país — tanto para o setor de imigração quanto para a alfândega, que é órgão do governo onde são vistoriadas bagagens e mercadorias que entram e saem dos países. Por motivos de segurança, e por razões de controle dessas mercadorias, como evitar sonegação de impostos e tráfico de drogas e armas, há uma série de regras. Quem desobedece é punido conforme as leis do país.

Nesse assunto, saiba que não basta estar com documentos em dia, taxas pagas e ótima aparência, viu? Em alfândegas, tudo pode acontecer.

As férias de oito dias em uma praia paradisíaca do Caribe tinham sido perfeitas. Bronzeada no ponto certo, me sentindo descansada, leve e linda, meu marido, uns amigos e eu tomamos o avião de volta que faria uma escala em Porto Rico antes de chegar ao Brasil. Ao passar pela alfândega porto-riquenha, a caminho da sala de trânsito, fui separada da turma do meu voo, tive meu passaporte confiscado e fui convidada por um policial a segui-lo até uma porta ao lado. Ao perguntar por quê, não tive nenhuma resposta. Ele abriu a porta, fez um gesto para que eu entrasse, sentasse numa cadeira e sumiu. A sala era comprida, e dois policiais conversavam atrás de um pequeno balcão. Meus colegas de sala eram um homem algemado a sua cadeira, uma criança pequena com uma mãe que tentava explicar aos policiais que os papéis da criança haviam sumido, mas que ela tinha, sim, permissão para sair do país, e dois rapazes nitidamente alterados que emitiam sons roucos e assobios desafinados também algemados às suas cadeiras. E eu? Por que estava ali? Levantei muito devagar e com a maior fineza perguntei ao policial se havia algum problema e se eu podia saber por que razão haviam me levado para aquela sala.

Eles nem se deram ao trabalho de olhar para a minha cara; continuaram a conversar como se eu fosse transparente. Com o sangue fervendo, voltei para minha cadeira e resolvi ficar calma e não perder a cabeça. O tempo ia passando e meu voo sairia dentro de uma hora. Pânico de perder a conexão. "Fica fria, Gloria; nem um pio, nem um gesto de mau humor, nem uma reação. Quieta."

Quarenta e cinco minutos se passaram até que um dos policiais viesse até mim, devolvesse meu passaporte e me indicasse o caminho da saída. Nem desculpas, nem um sorriso, nem uma palavra de consolo por terem me feito passar por aquele embaraço. Na volta, minha turma, ainda mais nervosa do que eu, comemorou minha saída da prisão com abraços e palmas. "O que foi?", perguntaram. Não sei, não soube e nunca saberei o que aconteceu.

NA FILA DA IMIGRAÇÃO

▶ Tanto faz se você vai de avião ou de navio — em algum momento do embarque você vai ser submetido ao detector de metais para o controle de porte de armas por meio de equipamentos de raios X. Pode ir preparada, pois vai ter que tirar relógios, colares e brincos volumosos e colocar tudo o que estiver carregando (bolsa, sacolas) numa bandejinha na esteira de entrada; caso você se esqueça de tirar alguma moeda do bolso ou mesmo se estiver usando um sutiã com armação de arame, pode ser que esse pouco de metal faça soar uma campainha e os agentes vão colocar você de lado e checar mais cuidadosamente. Rapazes: a fivela do cinto é mortal. Não fiquem quase sem calças por isso.

- Caso você tenha pinça, alicatezinho ou qualquer objeto cortante, eles ficarão retidos. Para recuperar, você teria que voltar ao balcão da companhia aérea, deixar o objeto e recuperá-lo só na sua volta para casa. Compensa?

   Passando pelo detector, você pega de volta todas as suas coisas direitinho e na mesma hora.

- A fila pode andar ou pode demorar duas horas. Por isso, nunca programe viagens com prazos apertados entre um voo e outro (conexão).

- Nem sempre os familiares podem passar juntos na fila da imigração. Amigo, namorado, colega passam separadamente.

- Evite discussão ou qualquer cara feia com os policiais. Tire os óculos escuros, capriche na figura, não faça gracinhas, não pergunte muito.

- Responda exatamente o que lhe perguntam — nem mais, nem menos. O oficial faz perguntas básicas, tais como: motivo da viagem, tempo de permanência, com quem está indo, se tem amigo no país, profissão etc. Se tudo estiver como o esperado por eles, a conversa é curta e grossa.

▶ Importante: se você não fala inglês ou a língua do país, não improvise. Isso pode causar mal-entendidos irreparáveis. Mostre os seus documentos, apresente toda a papelada que fala por si mesma e, em último caso, peça um tradutor. Submeta-se às regras, ou você está frito.

▶ Estudantes e adolescentes: os policiais da imigração e alfândega não são seus pais. Não tentem enganá-los ou se fazer de engraçadinhos: não é lugar para biquinho, nem piadinha. Carreguem sempre com vocês os nomes das pessoas (ou da instituição) responsáveis pela sua hospedagem, com endereço completo.

▶ Mesmo que você esteja viajando com cartões de crédito, é importante sempre levar pelo menos quinhentos dólares em espécie. O oficial poderá pedir para ver o seu dinheiro.

▶ A bordo, no navio, existe um setor de imigração que retém os passaportes e, dependendo do país e do acordo diplomático, entrega ao passageiro junto com um documento que permite a visita ao país. Em todos os países, o navio recebe autoridades para controle de passaporte, tanto do visitante quanto da tripulação.

NADA A DECLARAR OU BENS A DECLARAR

Após passar pela imigração, você irá pegar sua bagagem (na esteira, no caso de avião; no desembarque, no caso de navio etc.) e seguir para a fila da alfândega. Essa fila é bem rápida e a maioria dos viajantes passa direto, bastando entregar o formulário preenchido durante o voo.

▶ A alfândega escolhe um passageiro aleatoriamente. Ou então aquele que vem chegando com uma TV do tamanho de um bonde, com caixas e caixas lacradas etc. Se você for "o escolhido", suas malas passarão pelos raios X ou serão abertas. Você tem que apresentar as notas fiscais de equipamentos e de compras acima de quinhentos dólares.

ENTRE NA FILA DO "NADA A DECLARAR" COM:

▶ Itens de consumo pessoal permitidos: 1 telefone celular; 1 máquina fotográfica; 1 relógio de pulso; roupas e produtos de higiene (em volume compatível com a duração da viagem); sapatos (idem).

▶ Até US$500 em mercadorias. É o limite para suas compras no exterior em todos os países, exceto Paraguai, onde o valor baixa para US$250.

▶ A sua cota para gastar no *free shop*: até US$500.

▶ A quantidade permitida de produtos no *free shop*: 20 produtos com valor acima de US$10 cada — até 3 peças iguais; 20 produtos com valor abaixo de US$10 cada — até 10 peças iguais. Se flagrado, o excedente será apreendido e irá a leilão.

▶ Não é computada na cota a compra de livros, jornais, revistas e folhetos. Você pode trazê-los em qualquer quantidade.

- Quem morou no exterior por mais de um ano tem direito a trazer móveis, utensílios domésticos e objetos de uso profissional.

ENTRE NA FILA DE "BENS A DECLARAR" QUANDO:

- Suas compras excederam os US$500, você já preencheu o formulário e sabe que vai pagar uma multa de US$50 sobre o valor excedente da mercadoria.

ENTROU NA FILA ERRADA:

- Se for pego na fila do "nada a declarar" com compras acima do limite permitido, então dançou feio: 100%. Além de pagar o imposto sobre o produto, vai desembolsar mais 50% de multa sobre o valor excedente. Se tiver dinheiro suficiente, acerta na hora em moeda brasileira. Do contrário, os bens ficam retidos até o acerto de contas no período de noventa dias.

NACIONAL OU INTERNACIONAL?

Todo mundo tem vontade de um dia "ir para o exterior". Viajar para fora dá um sentimentozinho de superioridade sobre quem nunca botou o nariz no mundo. Faz também com que a pessoa se sinta sofisticada e mais sabida. Gente que nunca foi a lugar algum dentro do próprio país é capaz de preferir ir para uma cidadezinha de fronteira só para isso. Conheço uma pessoa que não sossegou enquanto não foi a Foz do Iguaçu, não porque fosse fissurado em cachoeiras, mas para poder pisar no lado argentino e ter o gostinho de se sentir internacional.

Acho meio esquisito conhecer países estrangeiros e não conhecer nada do próprio país. Sei de gente que já esteve em Nova York e Miami várias vezes, que já fez um giro pela Europa, mas que nunca saiu de sua cidade natal no Brasil. É tão desequilibrado como saber falar muito bem inglês e francês, ser o rei da geografia e da informática, mas não passar de ano porque leva bomba em português.

Temos um país que é um continente, tão grande e tão variado. Temos as melhores praias, temos clima de montanhas para quem gosta de um ar mais fresquinho, temos florestas para quem é louco por uma aventura, temos grandes cidades para banhos de cultura, temos comidas regionais de encher olhos e estômagos. Só perde essa riqueza rara, supervalorizada por todos os turistas do mundo, quem é ruim da cabeça ou doente do pé.

Luciana Micheletti mudou seu conceito de viagem pelo Brasil depois que o marido resolveu fazer uma surpresa:

"Meu marido aventureiro reservou uma grande surpresa para mim: passar quatro dias no Pantanal de Mato Grosso do Sul e mais três dias em Bonito. Na chegada a Bonito, fomos recebidos pelos guias Fabio e Nêgo, que nos levaram da sede para a nossa pousada. Como era meu aniversário, fui recebida com flores no quarto, cartãozinho de felicidades e um jantar romântico maravilhoso a dois. Mas todo o meu encantamento da chegada acabou quando soube que teríamos que acordar às 6h15 para a nossa primeira trilha do dia... Como assim? Nem em São Paulo eu acordo nesse horário! E fazer trilha de três horas? Trilha eu estou acostumada a fazer na Quinta Avenida em Nova York, não no meio do mato às 6h15 da manhã! Pois é. Mas durante os quatro dias acabei fazendo não só essa trilha, mas várias... Andei a cavalo (com medo, sim), andei de barco, de canoa canadense (juraram que não virava), fizemos *workshop* de astronomia no meio do nada durante a noite, além de focagens noturnas todos os dias para tentar ver a onça, que, é claro, não chegamos a ver, e por aí afora... Não posso deixar de falar também de outro jantar maravilhoso no meio da mata, todo produzido com muito capricho, cheio de velas espalhadas pelas árvores, o caminho todo iluminado. Apesar de todo o cansaço, do frio e do excesso da comida mágica pantaneira: o Pantanal é maravilhoso, cheio de espécies de animais e aves, o céu é estrelado e o ar é puro. Valeu a visita!"

VALE A PENA TER UM AGENTE DE VIAGEM?

Depois que a internet criou facilidades para compras de passagem e reservas de hotéis em todos os lugares do mundo, qualquer pessoa pode organizar suas idas e vindas sem ter que depender de um agente de viagens. Basta que você tenha (muito) tempo e (muita) paciência.

A verdade é que, para a maioria de nós, montar um roteiro dá um trabalhão! Você precisa ser um craque, ter vocação para fazer muita pesquisa, tempo para fazer comparações, se comunicar com muita gente, calcular datas, intervalos entre uma escala e outra dos voos e bater em várias portas até armar o quebra-cabeça. Enfim, tudo o que o agente de viagem faz por profissão! Eu não dispenso os serviços deles por nada do mundo. Já levei muito baile de internet para arriscar um problema com minhas férias ou meus compromissos de trabalho.

- Em alguns casos, pode até ser arriscado fazer tudo por conta própria.

  Não esqueço a cena patética que aconteceu comigo e um amigo no lago Titicaca, na cidade de Copacabana, entre Bolívia e Peru. Esquecemo-nos de fazer uma reserva de traslado de lá para La Paz e nos vimos sozinhos, naquela cidadezinha perdida no alto dos Andes. Sem ter onde ficar, comer ou dormir, dependíamos da boa vontade do guarda da fronteira, que fechou o guichê da alfândega na nossa cara, alegando que era seu horário de almoço. Pior: tentou impedir que nos juntássemos a uma excursão de ônibus que saía para La Paz, a última do dia. Só faltou eu chorar até que ele, com a maior má vontade, nos atendesse.

- Na verdade, o que dá segurança, especialmente para o marinheiro de primeira viagem, é o pacote turístico adquirido numa agência de confiança: tem gente esperando você no aeroporto, levando você para os hotéis, olhando pelas suas malas. Além disso, qualquer problema no meio do passeio você tem a quem recorrer. Uma boa agência tem representantes locais em todos os cantos do mundo.

▸ Os pacotes turísticos podem ser: sob medida para o seu gosto e nas datas que você estipulou; ou os fechados, do tipo "7 noites em NY". Em ambos os casos, o resultado é que você obteve, por um preço total fixo, passagem, hospedagem, traslado e até mesmo (se quiser) os passeios turísticos locais. Acostume-se, no entanto, com a ideia de que não dá para mudar a programação no meio da viagem. Ou seja, se ficou apaixonada por Madri, terá que seguir obrigatoriamente para Paris se isso foi o combinado no seu pacote.

▸ O pacote costuma sair mais em conta, pois as operadoras negociam grandes volumes de passageiros com as empresas aéreas, hotéis, locadoras etc., o que faz com que elas cedam nos preços.

▸ É sempre mais vantajoso viajar a dois do que sozinho, senão você pode acabar tendo que dividir o quarto com um estranho ou então vai ter que pagar um bom dinheiro para ficar num quarto com outra cama vazia.

▸ Sete noites em Nova York — leiam-se cinco dias. Pois praticamente dois dias inteiros são tomados pelo traslado; a agência faz uma logística que toma um tempão buscando pessoas nos hotéis espalhados pela cidade. Saiba que dia de viajar é sempre perdido e tomado pelos preparativos.

▸ Mesmo que você já tenha fechado um pacote, a empresa pode alterar o voo ou o hotel, desde que você seja avisado disso antes de embarcar. Cada operadora tem sua política de cancelamento. Tudo está previsto no contrato que você fez: os seus direitos e os deveres da agência de turismo. Leia com atenção para não ter um ataque depois.

▶ Imagine que você tenha resolvido por conta própria passagens e hospedagem. Ainda assim pode comprar pacotes terrestres. Facilita muito para quem não conhece o lugar e quer aproveitar ao máximo, sem se importar de andar em grupo.

▶ Atenção: muitos países num único pacote = compromissos de mais. Resultado? Lazer de menos. Mais tempo em voos, aeroportos, traslados e saguões de hotéis do que aquilo que interessa numa viagem: conhecer o lugar!

▶ Programe bem os seus gastos, pois você terá que desembolsar dinheiro com outros itens não incluídos no pacote, como taxas de embarque, documentos e telefonemas. Sem falar em eventuais táxis, tarifas de internet cobradas à parte nos hotéis, lanchinhos e, claro, compras. Normalmente refeições, bebidas e ingressos serão cobrados à parte.

CHECKLIST COM SEU AGENTE DE VIAGEM

- documento de confirmação de reserva de hotéis, carros, passeios etc. (o voucher)
- passagens com assento marcado
- cópia da programação, contrato, telefones dos seus agentes em outros países

Quase todas as agências fornecem ao viajante uma bolsa de mão para facilitar a identificação durante toda a viagem. Cadastre no seu celular (caso você leve) o nome da agência, assim como o telefone 0800 dela no Brasil.

EXCURSÃO

Antes de se engajar numa excursão, faça um exame de consciência e responda às seguintes questões:

- Você se incomoda com barulho ou cantorias?
- Consegue não morrer de irritação com alguém que sempre esquece alguma coisa e obriga o ônibus a voltar para procurar?
- Reage calmamente aos atrasos diários de uma mesma pessoa?
- Leva na esportiva uma folgada que vive pedindo para os maridos alheios carregarem suas malas ou seus pacotes de compras?
- Sabe lidar com aquela senhora que nunca tem trocado e que acaba devendo uma boa grana para os colegas de viagem?

Se nada disso tira você do sério, saiba que você será Mister ou Miss Simpatia da turma, pois são acontecimentos praticamente inevitáveis nesse tipo de passeio.

- Excursão é uma ótima escolha para quem não está disposto a se preocupar com roteiros e com programação e, sobretudo, está mais a fim de ter companhia o tempo inteiro. O preço inclui tudo o que o pacote turístico oferece — mais refeições e passeios. É uma viagem inteiramente guiada por profissionais que falam a sua língua. Você acorda cedo, faz city tour, compras, refeições e termina a noite numa casa de tango ou num teatro, de lá para cá, no ônibus da sua turma — sempre cercada de cuidados e atenção.

- Está aí uma modalidade de viagem para quem gosta de acordar cedo e de horários pré-fixados e não quer saber de estresse.
- Dica útil: curtiu muito um vilarejo onde só vai passar poucas horas? Dispense o almoço. Coma um sanduíche rápido e use esse tempo para passear e esticar o prazer de estar num lugar que você achou especial. Ainda por cima porque, em geral, o guia indica o mesmo restaurante para todos da excursão, o que vai deixar o local lotado e o serviço demorado. Perda de tempo total. Reserve a fome para um jantar gostoso e sem pressa na sua volta ao ponto central de hospedagem.

Para todas as situações em que você dividir a viagem com outras pessoas, como num ônibus de excursão, não custa lembrar:

- Respeite lugar marcado.
- Evite consumo de comidas e salgadinhos com cheiro forte, que deixam o ambiente inteiro impregnado de sabores enjoados... Prefira uma fruta, como uma boa e conhecida maçã.

- ▶ Contenha o ímpeto das crianças, especialmente os chutes nos bancos dos passageiros da frente.
- ▶ Cuidado ao reclinar o banco. Verifique antes se não está praticamente deitando no colo de alguém.
- ▶ Bagagem de mão excessiva atrapalha, ainda mais se você dormir e largar tudo esparramado no caminho do passageiro ao lado.
- ▶ Em ônibus ou trem, feche o banheiro com cuidado ao sair. Respeite o pobre passageiro do fundão.

Francisco Luiz das Neves Bezerra, de Juazeiro do Norte (CE), fez um verdadeiro apelo para que o *Viajante chic* desse um puxão de orelha em muita gente sem noção de espaço e de educação nos ônibus:

> "Em janeiro, a equipe da empresa de cerimonial em que trabalho resolveu ir de micro-ônibus para um casamento. Saímos ainda de madrugada, todo mundo sonolento. Muitas pessoas falavam alto, ao celular, riam às gargalhadas. Mas o pior foi um rapaz (quase me tira do sério) ouvindo o forrozão no celular, no último volume. Em vez de usar fones, achou que podia impor seu gosto a todos. Aquela viagem de menos de duas horas tornou-se muito, mas muito longa!"

ALUGUEL DE CARRO: SIM OU NÃO?

Para alugar um carro e se dar bem, você precisa saber a língua do país por onde está circulando, precisa saber se entender com mapas ou com o GPS e ter em mente que é dificílimo hoje em dia achar lugares para estacionar, seja onde for. Além do mais, terá que:

- Munir-se de uma carteira de motorista internacional (tire antes, no Brasil) e de uma enorme esperteza para entender os sinais de trânsito, que não são tão universais quanto você imagina.
- Nas estradas brasileiras, rodar durante o dia. É mais seguro. Ainda assim, informe-se sobre o estado da rodovia e só saia de casa se estiver descansado. Nossas estradas são muito perigosas por conta do tráfego de caminhões, da má conservação e da imprudência dos motoristas.
- Na rodovia de acesso às cidades, entrar sempre na direção CENTRO. Em geral, é lá que ficam o bairro mais histórico, as igrejas e os templos. Vale a pena. Visitas a museus, templos, igrejas, bairros históricos... Vale, sim.
- Para quem não quer perder tempo, o táxi é o melhor jeito de chegar ao ponto que você deseja numa cidade desconhecida. Pare o carro e pague um motorista para levá-lo. É mais barato do que ficar rodando e se estressando com mapas e indicações.

É MELHOR IR DE TREM?

Na Europa, o trem é uma opção de transporte pontual, rápido e seguro, tanto para fazer ligações ponto a ponto quanto para visitar dezenas de países pelo sistema de passes (Europass). Idem para o trem-bala no Japão (Japan Rail Pass). É possível encontrar trens com compartimentos privativos, serviços de primeira e segunda classe, com refeição incluída; vagão-restaurante; salgadinhos; jornais etc.

▶ Os trens na Europa são superpontuais e saem com diferença de minutos. Rodrigo Martins viajou com seu marido durante seis meses: 14 países e 51 destinos na Europa e norte da África. Conta que, em Milão, o frio apertou e a neve chegou!

"Foi quando adquiri aquele sobretudo pesado, de botões dourados, forro reforçado, lindo de morrer e que custou muitos euros. Daquele em que você investe, pois sabe que será casaco para o resto da vida. Florença, três dias depois da compra do sobretudo, entramos num trem para Lucca, e o trem não partia. Após cinco minutos de atraso, achei estranho, fui averiguar e descobri que tinham trocado os trens. O trem em que estávamos iria partir em trinta minutos, e o da outra plataforma estava de saída. Resultado: correria para pegar o outro trem, e, claro, o sobretudo ficou para trás no porta-bagagem superior... Foi tamanha a frustração e o desespero de pensar que havia perdido o sobretudo com menos de três dias de uso que só pensamos em parar na próxima estação e voltar correndo de táxi na tentativa de recuperá-lo. Porém, tive um insight: lembrei que o trem em que havíamos deixado o sobretudo partiria em trinta minutos. Então, paramos na estação seguinte e ficamos lá aguardando e rezando para que ninguém tivesse pegado o casaco do bagageiro. E lá veio o trem. E lá estava o sobretudo! Ficamos tão felizes que os outros passageiros ficaram com cara de interrogação, pensando: 'Por que tanta festa?' Moral da história: pontualidade é uma característica dos trens na Europa. Atrasou? Desconfie. Em compensação, quer ir ao encalço dele? Calcule o tempo, ele estará lá."

ATENÇÃO Ao contrário do que se pensa, trem na Europa não é um transporte barato. Por isso não caia na armadilha em que caiu Juliana Gama Faleiros. Designer de semijoias, a moça costuma ir à Feira de Vicenza, todos os anos, com um grupo de pessoas. Foi adotada por eles como cicerone.

"Fomos a Veneza. E resolvi que sairíamos de lá no último trem para que pudéssemos ver a beleza da cidade à noite. Descobri o trem de 0h05 por apenas dois euros. Baratérrimo! Eu mesma paguei a passagem para todo mundo. Mas na hora de pegar o trem: surpresa! Era um trem de carga... Imagine a cena: mulheres do ramo joalheiro, lindas, com sapatos e bolsas Chanel, em um trem de carga... Mas como um bom grupo mantém sempre o humor, o gelo foi quebrado quando um joalheiro de Curitiba, muito espirituoso, disse: 'Ainda bem que custou apenas dois euros... Por menos do que isso, teríamos que ir empurrando!'"

VALE A PENA TER GUIA?

Vale. No Brasil, cada vez mais o turismo prepara guias locais para essa tarefa. Eles sabem de tudo e fazem você ver coisas que jamais seriam notadas se não mostrassem.

- Nos lugares exóticos e onde você não sabe ler nenhuma plaquinha, o guia é imprescindível. Conheço muitos casos em que acaba virando amigo dos viajantes, tamanha a colaboração.

A internauta Marise Caetano relembra sua viagem ao Egito, na companhia da irmã, quando garotas. Se não tivesse contratado um motorista do Cairo como guia, a situação teria se complicado:

> "Tínhamos um motorista egípcio que não falava uma palavra de inglês, mas, em compensação, era muito dedicado. Alugamos camelos para passear na área das pirâmides, numa época que era tudo deserto. Depois de algum tempo percebemos que a cidade estava ficando longe e os camelos só obedeciam ao cameleiro. Lá pelas tantas nosso motorista apareceu, soltou os cachorros em cima do cameleiro e nos resgatou!"

- Visitas guiadas a templos e museus, mesmo os mais conhecidos das grandes cidades, rendem o dobro de conhecimento e interesse quando bem-mostrados. Sou gratíssima a todos os guias que duplicaram a graça dos meus passeios pelo que me fizeram descobrir e apreciar. Em alguns lugares, é possível adquirir um audioguia, que não é tão simpático, mas também funciona.

HOTEL, FLAT OU CASA DOS OUTROS?

Por mais caprichada a pesquisa, há muitas surpresas no longo capítulo da boa acolhida longe de casa. Mas nada pior do que ficar sem onde se hospedar, garante Flávia Canêdo, que na década de 1980 resolveu "mochilar" sozinha pelos países comunistas da Europa. De trem, saindo de Istambul rumo a Belgrado, chegou a Sofia, na Bulgária, portando somente um visto de passagem, ou seja, tinha apenas 24 horas para ficar em terras búlgaras.

> "A parada obrigatória na capital búlgara me fez achar que valia a pena utilizar o tal visto e dar uma olhada na cidade. Azar dos azares: havia um congresso da Unesco e era impossível encontrar hospedagem. Depois de tentar de tudo junto à única pessoa que falava inglês no setor de Informações de Turismo, decidi que o melhor era fazer como já havia feito em Londres e em Madri: passar uma noite na estação de trem. Impossível: num país então comunista, a ideia era inviável. A estação era abarrotada de policiais de cara amarrada e o clima era pesado, tenso."

Por fim, a mocinha poliglota encontrou uma vaga num chalé num camping fora de Sofia.

> "Noite, um ônibus, um bonde, outro ônibus, e me vi, uns trinta minutos depois, sendo posta pra fora do ônibus por um motorista que só falava búlgaro e que me apontava o nada dizendo, deduzi eu, que era ali que eu tinha que descer.

Desci. Longe, uma luzinha. Caminhei para ela e me deparei com outra base militar guardada por dois homens armados. Mostrei o papel que a moça havia me dado, eles leram e me apontaram um túnel. Marchei pra ele. Tudo escuro, zero de luz. Felizmente, na época eu era fumante e tinha comigo um isqueiro que acendi e que me permitiu chegar ao outro lado, onde, enfim, encontrei o tal camping. Dia seguinte, ônibus, bonde, ônibus, e ao ir buscar a mochila no setor de guardados da estação encontro uma fila quilométrica! Aguardar a minha vez significaria perder o trem e ficar ilegal na Bulgária. Ilegal na Cortina de Ferro! Pânico, ninguém falava inglês! Restou-me a mímica. Eu dizia: 'Train... Piuííí... 11h30!' E mostrava o relógio... 'Myrucksack!', e apontava a mochila de um garoto na fila... Eles me entenderam, deixando que eu passasse na frente, pegasse a mochila para não perder o trem. Pensei: 'Bulgária, nunca mais!' Mas que nada! Apesar de tudo, gostei e voltaria lá, assim como voltei a outros países que visitei naquela época."

O QUE É IMPORTANTE PARA VOCÊ NA ESCOLHA DE UM HOTEL?

Em primeiro lugar: preço — é isso que você vai dizer? Concordo, mas outras coisas devem ser analisadas também. Os guias de viagem costumam dar classificação por estrelas, dependendo dos equipamentos, localização e serviços oferecidos — taxando os hotéis de nenhuma, uma ou várias estrelas, sendo que cinco é a classificação máxima, reservada para os melhores e mais luxuosos do mundo.

Também válida e respeitável é a classificação encontrada nos sites de viagem que pontuam os hotéis pelos índices de satisfação dos hóspedes que já passaram por lá — o velho e bom jeito: pergunte a quem já foi.

- ▶ Sobre a localização — verifique se o hotel baratinho que você está escolhendo fica numa rua central ou longe de tudo, num bairro afastado que não tem café, restaurante, linha de metrô ou farmácia por perto.
- ▶ Limpeza — procure saber se os lençóis e toalhas de banho são limpos e se o carpete não tem cheiro de mofo.
- ▶ Segurança — cofre no quarto para deixar dinheiro, bijus, relógio, documentos, passagem de volta. Por que sair com tudo isso pela rua?
- ▶ Não custa checar: colchão decente, televisão, telefone, internet, água quente, ar-condicionado ou aquecedor funcionando, cabides suficientes, café da manhã incluído ou pago à parte?

RESORT É o sonho de consumo de quem vai viajar com a família toda: pai, mãe, tio, tia, avó, crianças pequenas e adolescentes. Pense num resort como um grande clube onde todos vão estar em segurança e com atividades garantidas durante o dia e também à noite. Num resort você tem de tudo: bares, piscinas, quadras de esporte, academias, cinemas, shows à noite, babás para ficar com as crianças, monitores para brincar com elas de dia. Para que os hóspedes não esquentem a cabeça com nada, muitos adotaram o sistema *all-inclusive*, ou seja, bebidas (de marcas populares), refeições e quase todas as atividades de lazer incluídas no preço. Em geral, champanhe e outras bebidas especiais são pagas à parte. Mas tem um porém: esse paraíso pode ser o inferno para quem estiver atrás de sossego, serviço atento e privacidade. Para essa turma, resort só fora de temporada. Durante as férias, especialmente as escolares, é melhor procurar uma alternativa.

▶ Também não é o lugar ideal para se hospedar se você pretende conhecer a cidade ou a vizinhança do resort; esse sistema de hotelaria fará de tudo para que você não saia de lá de dentro e consuma todos os serviços que ele tem a oferecer (e que — diga-se de passagem — são muitos).

FLAT SERVICE/APART-HOTEL/HOTEL RESIDENCIAL Ideal para quem viaja por mais tempo, gosta de se sentir mais na própria casa e de receber amigos — sem perder a mordomia de ver tudo arrumado no dia seguinte. Além, é claro, da economia com a alimentação, já que possuem cozinha aparelhada com copos, pratos, talheres e utensílios para refeições caseiras. Há várias opções de hotel residencial, com apartamentos amplos para abrigar toda a família.

POUSADA Para quem não precisa nem quer muitos equipamentos e gosta do ambiente mais caseiro, mais campestre ou mais simples. Pousadas são hoteizinhos que normalmente têm a cara dos donos e passam longe dos padrões internacionais de hotelaria. Pousada não é sinônimo de preço baixo: há muitas altamente sofisticadas e com preços nas alturas.

ALBERGUE Cama limpa num quartão coletivo e banheiro também coletivo; garantia de pouso barato, mais voltado para jovens e estudantes. O ideal é tirar antes uma carteira de alberguista e filiar-se a uma associação internacional para pernoitar em diferentes endereços, conforme o plano da viagem.

CASA DOS OUTROS Só vá se for insistentemente convidado. Não é para passar férias prolongadas — a menos que a anfitriã seja sua mãe.

DINHEIRO (CHEQUES, CARTÕES ETC.)

Para as viagens internacionais, você vai ter que comprar dólares, euros ou libras — dependendo do destino; ou trocar os seus reais indo a bancos ou casas de câmbio dos países visitados (nas viagens para a América Latina). A palavra-chave para achá-las é "câmbio"; em inglês, *change*. Nos hotéis ou nos aeroportos também é possível fazer essa troca. Porém, as taxas de conversão são menos favoráveis do que nos bancos.

Leve pouco dinheiro vivo, seja na moeda que for. Cartão pré-pago ou de crédito é muito mais seguro e todo mundo aceita.

Prepare-se para ouvir a toda compra — do cafezinho à TV de plasma — a pergunta sobre qual modalidade você prefere: dinheiro ou cartão? Guarde as frases: *"Cash or charge?"* (inglês), *"Vous allez payer comment? En espéce ou carte de crédit?"* (francês), ou *"¿En efectivo o con tarjeta?"* (espanhol).

DINHEIRO VIVO Leve moedas pequenas para alugar carrinho do aeroporto, para pegar ônibus nas cidades e até para pagar banheiros. Tenha algum dinheiro trocado para eventuais comprinhas, taxas e outros gastos na chegada — mas apenas o suficiente até você ir com calma trocar o seu dinheiro ou cheque de viagem pela moeda local num banco, onde as taxas são mais favoráveis. Olhe bem a "cara" do dinheiro do país onde você vai ficar, para não ser vítima de trocos com notas falsas.

CARTÃO DE CRÉDITO Pergunte ao gerente do seu banco se o seu cartão atual permite saque internacional. Se não permitir, peça um só para viajar porque é muito mais prático e seguro do que levar dinheiro. O risco é ficar sujeito à variação do câmbio e tomar um susto quando a conta chegar; não tem como saber a quanto vai estar cotado o dólar ou o euro na sua volta.

CARTÃO DE VIAGEM PRÉ-PAGO EM MOEDA ESTRANGEIRA Vendido por corretoras e bancos, na prática, nada mais é do que a compra antecipada de dólares (ou euros, libras, pesos, ienes e outras moedas internacionais) que você pretende levar na viagem. A vantagem é que serve para saque e débito na moeda do local de destino. Em muitos lugares você tem desconto por pagar com seu cartão, considerado dinheiro vivo. Você consegue recarregar a distância, embora possa pagar novas taxas por isso. O ideal, então, é prever os gastos. Além disso, pode incluir pessoas adicionais (marido, filhos), para que acessem o mesmo saldo. Para quem manda o filho adolescente para viagens de intercâmbio é uma enorme vantagem: você é o titular, abastece e acompanha os gastos a distância.

DINHEIRO DA VOLTA Deixe sempre alguns reais no fundo da carteira na hora da volta. Você pode estar louca para tomar um cafezinho bem brasileiro ainda ali no aeroporto.

MELHOR PREVENIR...

REMÉDIOS Leve todos os que costuma tomar diariamente ou mesmo esporadicamente. Calcule a quantidade com folga para alguma mudança de planos na volta. E mais: leve receita médica para evitar qualquer confusão na alfândega.

Já teve alergia? Não. Mesmo assim, por precaução, leve um antialérgico. Já teve dor nas costas? Leve um relaxante muscular. Saiba que nem todo medicamento vendido sem receita no Brasil pode ser vendido da mesma maneira no exterior. Eu, que sou uma *enxaquecosa*, já passei um aperto danado em Nova York por não ter conseguido comprar sem receita meu remédio salvador depois de haver consumido os que levei. No que me vi sem reserva, saí como uma desesperada para conseguir a qualquer custo uma caixinha para ter comigo na bolsa nos dias que ainda restavam de uma estadia prolongada. Tive que achar uma amiga americana para me indicar um médico que me atendesse e me passasse uma receita. Foram horas perdidas com o caso, e gastos extras com remédio e táxi.

- ▶ Informe-se sobre quais são as vacinas exigidas para a sua viagem. Mesmo dentro do Brasil, há regiões em que elas são fundamentais.
- ▶ Não menospreze os efeitos da altitude no seu pobre organismo. Melhor dizendo: nem pense em ir para o lago Titicaca, a quase quatro mil metros acima do nível do mar, se você não faz exercício nenhum. Vai ficar sem ar.
- ▶ Claro que você vai andar mais do que o de costume: band-aid na bolsa, sempre! E vai permanecer muito tempo longe do hotel. Carregue com você: lenço de papel, absorvente, lixa de unha e cotonete.
- ▶ No caso de ser portador de doença crônica ou de uma que exija medicamento especial, o ideal é trafegar com receita médica traduzida para o idioma do país em questão — ou em inglês.

PALAVRAS MÁGICAS

Oito palavras mágicas para um turista (válidas em qualquer lugar do mundo, nas mais diferentes línguas):

PORTUGUÊS	INGLÊS	ESPANHOL	FRANCÊS
desculpe	sorry	perdón	pardon
por favor	please	por favor	s'il vous plaît
obrigado	thank you	gracias	merci
senhor	sir/mister/gentleman	señor	monsieur
senhora	ma'am	señora	madame
bom dia	good morning	buenos días	bonjour
até logo	goodbye	hasta luego	au revoir
boa noite	good evening	buenas noches	bonsoir

A barreira da língua é mesmo um problema para o viajante. E, por mais que ele tente se virar, é sempre muito nervosismo antes de chegar ao final feliz.

Renata Cerolini estudava em regime de intercâmbio em Madri quando foi convidada por uma amiga para passar cinco dias em Paris.

"Fiquei em um hotel mais afastado do centro, em Levallois-Perret. A minha amiga morava perto de St. Germain e trabalhava no mesmo bairro, no bar da família, onde me convidou para ir à noite. Chegamos lá, bebi alguns drinques e logo percebi que meu francês não tinha servido de nada: a comunicação era péssima. Para me fazer entender, respondia ou em espanhol ou em inglês, dependendo da pessoa. Foi nessa miscelânea de línguas que alguém me disse que o metrô fechava à meia-noite. Nisso, olhei no meu relógio e vi que eram 23h45. Cheguei à estação esbaforida e feliz, afinal ela estava aberta. Faltavam dez minutos para a meia-noite e nada... nem um ruído do trem vindo. Concluí que havia perdido! Resolvi que o melhor a fazer era ir embora e pegar um táxi. Mas quando peguei a saída dei de cara com o portão de ferro da estação fechado. Sim, eu estava presa dentro da estação de metrô, na França, sem falar francês e sem sinal no celular. Acabei achando um interfone com um botão, escrito 'emergências' (em francês, é claro). Eis que surge uma voz feminina falando comigo, só que em francês! Depois de muito nervosismo, entendi que havia um botão de emergência ao lado do portão, bastava eu apertar. Eu ia até o portão, olhava, procurava e nada. Voltava para o interfone e dizia: 'I can't find, ¡No existe!' A voz insistia que sim! Até que certa hora a moça do outro lado sumiu! Teria desistido de mim? Mas, para meu alívio, comecei a ouvir uma movimentação; ela avisara a polícia, que me orientou a apertar o *tal botão* ao lado do portão, só que atrás de uma caixa de luz. De onde eu estava, não podia vê-lo. Apertei e, como num passe de mágica, o portão de ferro começou a abrir."

MOTIVOS DE VIAGEM

3

Por que viajamos? Porque relacionamos viagens à felicidade. Felicidade de escapar, variar, conhecer, partilhar, esquecer, encontrar, descansar — qualquer coisa que vai nos fazer mais felizes enquanto durar. Um tempo suspenso na vida, um fôlego, umas férias do cotidiano e a convicção, ou a esperança, de voltar recuperado, acrescido, mais inteligente, mais sabido, mais alegre. Renovado para a vida de sempre.

FÉRIAS DE FAMÍLIA & COMPANHIA

FÉRIAS PARA VISITAR OS PARENTES Você mora no Sul e a família toda no Nordeste (ou vice-versa).

A cada dois ou três anos Gessiane Barbosa se prepara para visitar a família que mora no Nordeste. Por muitos meses ela passa seus finais de semana na rua 25 de Março munida de uma lista de nomes de todos os familiares e compra um presente para cada um. A lista é enorme e vai do avô quase centenário aos bebês que nasceram e ela nem conhece, mas que são filhos de irmãs e primas próximas. Além dos presentes, ela compra várias malas para levar toda aquela "mudança". Pergunto se não bastava levar alguma coisa para a mãe e as irmãs, mas ela responde que não, o resto da parentada vai ficar ofendida se não for lembrada, e é um modo de agradecer e retribuir os almoços e jantares que vão ser feitos em sua homenagem quando chegar. E olhe que os parentes são tantos que serão pelo menos dois ou três almoços e jantares por dia.

Não é à toa que Gessiane volta das férias exausta, com a conta bancária no vermelho e com uns bons quilos a mais na balança. Foi boa a viagem, Gessiane? "Foi", responde com um grande sorriso, "mas eu não via a hora de voltar ao trabalho para descansar!"

FÉRIAS COM A FAMÍLIA Aproveite a mudança de cenário e de ares para baixar o tom, evitar discussões do dia a dia e fazer o que nunca dá tempo (ou vontade) de fazer em casa: jogar baralho, bater bola com o filho, fazer comprinhas com a mãe e com a filha, falar de assuntos divertidos e, principalmente, mudar a rotina e deixar todo mundo livre para ter seus momentos a sós. Não precisa fazer tudo junto, o tempo todo.

Numa viagem, em que tudo é novidade, cada um pode respirar fundo e sair um pouco dos seus papéis: o pai volta aos seus tempos de atleta e se arrisca numa prancha de surfe; a mãe mostra uma habilidade desconhecida; a irmã menor dirige o pedalinho; a adolescente topa acordar mais cedo para fazer uma caminhada — tudo é surpresa. Só assim a viagem da família pode entrar para as lembranças boas.

- ▶ Não se sinta como se estivesse na sua própria casa — gritar pelo nome do filho onde quer que esteja ou ter crises de humor em público são atitudes que devem ficar fora do programa.
- ▶ Procure locais com atividades compatíveis com a idade de todos: dos filhos ou parentes que acompanham você (a mãe, a avó). Não adianta ir para uma casinha iso-

lada no alto da montanha com dois filhos na idade da balada, certo? Nem leve sua mãe se é para deixá-la na frente da televisão a noite toda. Esse programa ela já faz na casa dela com muito mais conforto.

VOCÊ ESTÁ GRÁVIDA Não teime com o seu obstetra. Só ele poderá autorizar ou não sua viagem e dar os melhores conselhos para enfrentar desconfortos como enjoos, fadigas, cólicas e outras amolações típicas da gravidez. Ou, então, escolha destinos em que o atendimento médico é farto e o sistema de comunicação também. Além disso, faça refeições leves e nutritivas, suspenda bebidas gasosas e álcool. Melhor período para viajar: entre o quarto e o sexto mês de gravidez. Movimente-se, alongue-se, hidrate-se!

VIAJANDO COM CRIANÇAS Cada vez mais as crianças acompanham os pais nas viagens, ou por falta de babás ou porque os avós estão curtindo suas férias também. Por isso, o melhor é escolher hotéis com cuidadores ou monitores para crianças. Do contrário, vocês passarão todo o tempo atrás deles, com medo de que se percam, de que se joguem na piscina, de que se machuquem. Pior, não vai nem jantar no restaurante do hotel para não os deixar dormindo sozinhos no quarto.

Se vocês forem contra esse esquema de "infância monitorada" dos resorts e hotéis-fazendas (são ótimos, mas não custam barato), então a solução é optar por esquemas mais protegidos: um chalé no térreo, próximo da área social, que permita a você permanecer fora do quarto e curtir seu jantar, seu drinque na piscina, sem estar longe caso a criança acorde assustada e chame por você. E, nesse caso, leve brinquedos, cadernos e lápis de cor — pois o animador das férias será você!

- ▶ Resorts: são bem-organizados para receber crianças.
- ▶ Hotéis *kids friendly*: trazem opções para crianças — e também para adolescentes acompanhados ou não dos pais. É bom dar uma olhada nos sites que pontuam esses hotéis e serviços e fazer contato com quem já foi para ver se são realmente confiáveis. A maioria oferece: quartos espaçosos para quatro pessoas (dois adultos e duas crianças); quartos interligados; babá sob demanda; brindes para crianças; programação infantil na TV; menu infantil no restaurante. E o melhor: trabalham também no domingo até as 17h.
- ▶ Rotina ideal dos "sem babá": tomar um bom café da manhã, passear bastante durante o dia e almoçar no fim da tarde. Assim, o casal pula o jantar e fica à noite com seu bebê, pede algo no quarto e descansa para o novo dia.
- ▶ Nos navios, a maior parte das companhias oferece equipe de entretenimento para crianças e adolescentes, permitindo que você tenha tempo livre para relaxar e aproveitar os jantares temáticos, festas, atividades de lazer, torneios esportivos etc. As crianças menores de três anos, entretanto, ficam com os pais, e ninguém da tripulação está autorizado a fazer o papel de *baby-sitter*.

A BOLSA DE MÃO DO BEBÊ (ITENS IMPRESCINDÍVEIS)

Pedi a um amigo com filha pequena, um superpai, que fizesse essas listas e fiquei horrorizada com a quantidade de tralha de que a bebê precisa para se deslocar. Mas esse meu amigo sabe o que está dizendo, porque viaja o tempo todo com a pequena e é ele mesmo quem faz (e carrega) as malas dela (e ela). Ser pai é sofrer em avião.

- mamadeiras: 1 para água e 1 para leite na bolsa de mão + 2 na bagagem. Leve junto escovinha para limpeza das mamadeiras, e 1 pote com divisórias e tampas apropriadas em que você coloca a porção correta de leite em pó, para facilitar o preparo da mamadeira.
- 5 paninhos de boca, chupetas em quantidade e amarrador de chupeta (tende a cair).
- 1 cobertor, e outro mais resistente para o caso de ter que trocar a fralda no avião, aeroporto, restaurante...
- fraldas descartáveis — a quantidade depende do percurso. Dê preferência às noturnas, que são mais resistentes e absorventes.
- remédios: um antitérmico; um para tosse ou sintomas de gripe; um antialérgico; um antisséptico (tipo mertiolate); um para prender e outro para soltar o intestino.
- soro fisiológico para limpeza de olhos e nariz; termômetro; algodão; cotonete; band-aid; lenços umedecidos.
- o bichinho preferido ou aquele brinquedinho calmante.

VIAGEM COM ANIMAIS DE ESTIMAÇÃO

NO ÔNIBUS Aceitam-se cães e gatos de pequeno porte, em caixas adequadas, no bagageiro. Precisam estar documentados: atestado de vacina em dia e GTA — guia de transporte animal, expedido pelo Ministério da Agricultura.

NO CARRO Em caixas de transporte apropriadas; ou então no banco de trás do carro, com cinto de segurança para cães.

NO NAVIO Depende da embarcação. Alguns até possuem canis.

NO AVIÃO Consulte o veterinário para saber se o bichinho aguenta as condições da viagem — até porque algumas companhias exigem que o animal seja sedado antes do voo. De qualquer modo, ele ficará numa área pressurizada e climatizada no porão do avião, numa caixa com rede protetora e, no desembarque, segue com as outras bagagens para a esteira — o que é bem estressante para ele (e para os donos). Para complicar mais, alguns países podem retê-lo por mais tempo no aeroporto ou até mesmo exigir que ele fique de quarentena por alguma razão. Li o caso de um cão superpremiado que morreu porque o avião atrasou e o bichinho ficou muito tempo sem água. Também já houve caso de extravio. Por isso, leve com você uma foto do seu querido *pet*.

- ▶ Há empresas que aceitam os de colo viajando com seu dono.
- ▶ Reserve o transporte dele com antecedência e informe-se sobre a documentação necessária.

- A boa-nova para donos de cães é que cresce o número de hotéis que os aceitam como hóspedes.

VIAJANDO COM OS AMIGOS

PERDI MEU COMPANHEIRO DE VIAGEM

Nada pode deixar a gente mais aflita e suando frio do que um encontro malmarcado ou uma combinação malfeita quando se está numa cidade desconhecida. Tetê e Eduardo Assad estavam hospedados em um hotel no Brooklyn, no estado de Nova York, e foram para Manhattan passar o dia, cada um para o seu lado. Combinaram então de se encontrar na casa de uma amiga americana que morava na cidade. Tetê, que conhecia o endereço, pois havia jantado com a amiga em seu apartamento na véspera, passou por escrito o endereço para Eduardo, e eles acertaram o horário do encontro: 18h30. Por volta das 18h ela foi se dirigindo para a rua e, vai para lá, vai para cá, não consegue se lembrar da entrada do prédio, todos muito parecidos. Sem celular e sem ter como se comunicar com a amiga ou com Eduardo, ela se sente perdida e sem rumo. Confiou na memória, não guardou o endereço escrito no bolso e se deu mal. Desanimada e nervosa, decide voltar para o Brooklyn e dar o programa por perdido. Pois não é que ao se aproximar da entrada da estação vê sair do meio da multidão Eduardo a caminho da casa da amiga? Por sorte ele havia terminado o que queria fazer em Manhattan mais cedo e voltado para o hotel para um banho. Não fosse isso a noitada dos três amigos teria sido um desastre por conta de um arranjo feito sem cuidado. Não se sai de casa em uma cidade que não é a nossa sem tudo devidamente anotado e bem-guardado.

VOCÊ, O MARIDO E A AMIGA!

Sua amiga que está (ou é) solteira deu a entender que gostaria muito de ir com você, seu marido e mais um casal numa viagem a Buenos Aires que vocês estão combinando? Pode dar certo se algumas coisas forem combinadas antes. A mais importante delas é que cada um paga sua parte em tudo: táxis, refeições, entradas para museus, ônibus de excursões, lanchinhos...

Mulher sozinha que não se toca e acha que casais devem pagar suas contas, mesmo que sejam só as miúdas, se transforma num peso morto que os maridos ou namorados vão odiar e tratar com impaciência. Mulheres sozinhas não são coitadas; têm que rachar todas as contas e, se quiserem ser simpáticas, ainda fazer de vez em quando a gentileza de convidar os casais amigos para um lanchinho ou um drinque em retribuição pela companhia. Qualquer homem sozinho e bem-educado faria isso numa boa.

COISAS QUE ACABAM COM UMA VIAGEM

- ▸ Combinar passeios e compromissos demais.
- ▸ Qualquer programa que exija que uns esperem os outros.

- Gente que não deve sair junto: glutões x culturetes; esportistas x sedentários; matutinos x boêmios; consumistas x anticonsumistas; compradores de roupa x compradores de eletrônico; quem anda depressa x quem anda devagar.
- Abrir mão da privacidade e achar que tem que fazer tudo com os companheiros de viagem.
- É péssimo nunca ter dinheiro trocado e vir com aquela conversa de que não fez câmbio, fazendo com que os outros paguem suas despesas. Pague suas contas, nem que sejam de tostões.
- Se puder, evite mesão. Em qualquer restaurante, é difícil acomodar mais de seis.
- De qualquer modo, o melhor é dividir a conta conforme o que cada um consumiu — evitando o constrangimento de quem não bebe pagar pelo uísque de 15 anos do vizinho, ou de aquele que está fazendo dieta pagar pela sobremesa das sete crianças. Ah, você acha chato ficar fazendo mil contas? Pois deixe que o candidato ao prejuízo faça isso. Ele não se aborrece contando tostões. É justo e chic.

LUA DE MEL

Patricia Perri Saheli esperou uma semana depois do casório para sair de lua de mel, pois o marido não poderia deixar o escritório naqueles dias. O marido cuidou de todos os detalhes da viagem para Florianópolis...

"Desembarcamos na capital, pegamos um carro rumo a Ibiraquera, praia a uma hora de distância de Floripa. Não era bem o que imaginava, mas topei. Parecia um vilarejo de pescadores com ruazinhas de terra e casas de madeira. Mas minha surpresa foi quando meu marido parou o carro na estradinha de terra poeirenta, desceu e disse: chegamos! Bom, ao olhar o local, não sabia se pulava para o banco do motorista e tentava uma participação no filme *Noiva em fuga* ou se chorava. Mas, como diz o ditado, já que estava no inferno, resolvi abraçar o diabo! Passamos a noite ali. A janela do quarto nem podia ser aberta, porque senão a cama ficaria marrom de tanta poeira. Acordei, no dia seguinte, com o barulho de vozes lá fora. 'Meu querido marido' havia convidado dois amigos com suas respectivas esposas e um bebê para ficar com a gente! Nem preciso descrever minha expressão de boas-vindas! Nesse dia, acho que tive o chilique do século! Na hora peguei minhas coisas e implorei para que pelo menos arrumássemos uma casa melhor pra ficar. Meu marido, sem imaginar o quanto eu ficaria brava, tratou de providenciar lugar melhor. Dividi meus 15 dias de lua de mel com a 'turma'. Qualquer pessoa, na época, diria que o casamento não ia durar uma semana. Porém, estou casada há dez anos, tenho três lindos filhos, e duas vezes por ano meu marido e eu viajamos para algum lugar do mundo *sozinhos*: eu escolho, faço roteiro, reservo tudo. E quem tem que ficar surpreso é ele! Minha dica é: planeje bem suas viagens, pesquise, leia opiniões de quem já foi, faça roteiros direcionados que agradem você e seu parceiro. Reserve alguma surpresa, como um jantar romântico, shows ou o que você quiser para que essa seja uma de muitas viagens inesquecíveis!"

A lua de mel é sua grande chance de realizar fantasias que, aos olhos dos outros, podem parecer ridículas, piegas e fora de moda. Mas cada casal tem seu estilo. O melhor da lua de mel será encontrar o seu.

▸ Hotéis de charme, sem criançada, família, barulho? Os pombinhos agradecem...
▸ Nem sempre dizer no hotel que se está em lua de mel é bom negócio. Eles podem interpretar como sinal verde para providências que podem não agradar o casal: música especial a cada vez que adentram o salão de refeições, sobremesas enfeitadas, chuva de pétalas na cama, lençóis perfumados etc.
▸ A lua de mel não é desculpa para tirar os passeios típicos da programação. Chega a ser vergonhoso fazer uma viagem a Roma e não conhecer o Coliseu.

TEMÁTICAS

São aquelas em que o roteiro é feito em função das paixões e dos interesses de cada um: os loucos por bicicleta vão passear pelos campos do mundo sobre suas adoradas duas rodas, os que preferem beber vinhos vão atrás dos vinhedos que produzem as melhores marcas, os ecológicos vão descansar os olhos nas áreas mais reservadas do planeta, os compradores compulsivos vão atrás de descontos nos melhores endereços de *outlets* e shoppings do mundo. Qual é a sua paixão? Seja qual for, agências de viagens estão prontas para oferecer pacotes sob medida para todos os estilos de pessoas e crenças. São as chamadas viagens temáticas, para quem sai de casa com um único objetivo: fazer o que gosta e não exatamente fazer turismo.

O QUE VAI E O QUE NÃO VAI

▶ Equipamentos de esqui, golfe, instrumentos musicais, pranchas de surfe, bicicletas etc. seguem uma legislação específica. Consulte antes a companhia aérea e trate de acondicionar seus complementos em estojos fortes e embalagens que suportem o joga para lá e para cá das esteiras. Lembre-se: por mais que você peça para botar a etiqueta "Frágil" em alguns dos seus volumes despachados, *ninguém* trata sua bagagem com carinho ou qualquer deferência. Pense sempre no pior.

NEGÓCIOS

Canso de viajar para fazer palestras e quase sempre volto sem ter tido um tempinho extra para conhecer o lugar. Viagem a trabalho é assim: as horas são contadas e tudo está organizado para o encontro com clientes, tour por fábricas, o tempo passado em palcos de auditório e jantares oficiais (embora alguns muito agradáveis e proveitosos).

A cabeça (e o relógio) está ligada no trabalho. Só dá tempo mesmo de conhecer o hotel, o *room service* (e ficar sabendo se o queijo-quente é bom), a sala do clube ou do teatro onde a palestra acontece e um bom restaurante com os organizadores do evento depois que tudo termina. No dia seguinte, avião e volta para casa.

- Faça um cálculo de a quantas reuniões, refeições e hotéis você terá que ir antes de planejar a mala. Então, separe o que vestir, sem cometer excessos. O código internacional faz valer o terno e gravata para os homens. Para as mulheres: saia (ou calça) mais top caprichado, ou vestidos.
- Privilegie os tecidos que não amassam (e ocupam pouco lugar na mala). Mas conte com a colaboração do chuveiro do hotel, um grande passador de roupa. Enquanto você toma um banho rápido, pendure a peça atrás da porta. O vapor dá uma força e faz o resto.
- Respeite os horários e evite excessos alimentares ou etílicos. Você está lá para trabalhar e não para se divertir.
- Procure não ser muito expansiva nem saia abraçando e beijando quem nem conhece.
- Evite tocar em assuntos íntimos ou falar mal de quem quer que seja.
- Não é porque você está em serviço e a empresa está pagando sua estada que você deixa de dar gorjetas. Compense o pessoal do hotel e dos restaurantes pelos serviços.
- Minibar e telefone — em geral, ficam por sua conta. Mas no caso de a empresa arcar com tudo, colabore e

mantenha o senso de proporção. Não transforme a sua conta num assalto para o bolso de quem vai pagar.

COMPROMISSO BATE-VOLTA

- ▶ Você terá muito mais agilidade se viajar com uma bolsa ou mochila e uma mala de bordo, sem perder tempo com bagagem na esteira.
- ▶ Os frascos em miniatura são uma mão na roda em qualquer viagem. Mas, no bate-volta, nem se fala! Coloque os seus produtos de beleza essenciais — hidratantes (corpo e rosto), protetor solar, tônico, demaquilante etc. — em pequenos frascos para não viajar com um *nécessaire* enorme. O mesmo vale para xampu e condicionador, caso você não se hospede em hotel.
- ▶ Deixe espaço na mala, pois você sempre volta com mais coisas: revistas, livros, presentinhos, brindes.
- ▶ Aproveite promoções de cartões especiais que dão direito à sala VIP dos aeroportos. No seu caso, vale a pena, pois você será presença constante nos aeroportos.
- ▶ Acessórios são a estrela da mala feminina: lenços, colares e pulseiras mudam a roupa conforme a mudança de clima e de "tom" da viagem.

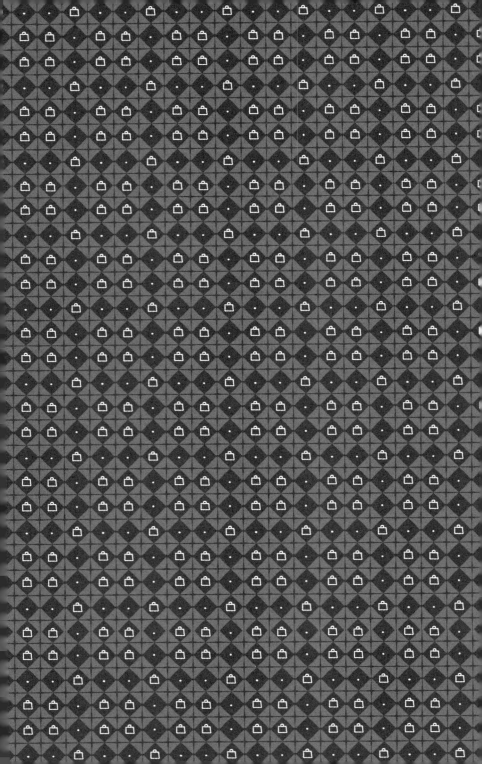

4

COM QUE MALA?

Não tem quem não fique apreensivo na hora fatídica em que a esteira da bagagem começa a girar e as malas começam a aparecer naquele buraco franjado da sala do desembarque. Viagem curta ou longa, duvido que tenha alguém que, nesses momentos tensos, não pense "tomara que minha mala tenha chegado". Em geral, chegam. Mas podem não chegar no mesmo voo, não chegar no mesmo dia e até mesmo não chegar nunca mais. O que fazer? Nada, a não ser torcer para que a sorte (e as malas) não nos abandone.

OLHADA GERAL: ESCOLHENDO A MALA

▸ Não há dúvida de que a mala com quatro rodinhas, feita de matéria-prima leve e, ao mesmo tempo, rígida, é a melhor para arrumar e levar; você empurra com a maior facilidade e não precisa nem de carrinho nem de carregador. O único problema é que é de difícil acomodação no porta-malas de carros. Lembre-se disso quando estiver viajando com amigos e quiser rachar o táxi para o aeroporto.

▸ Não economize na qualidade da boa mala. Ela tem que durar no mínimo uns dez anos.

▸ Malas maiores e mais rasas ajeitam melhor a roupa do que as pequenas e fundas; malas retangulares são as ideais para não amassar casacos e paletós.

▸ Viagens longas: uma mala média ou grande para roupas e sapatos. O seu manequim influencia o tamanho da mala: tamanho G, mala G.

- Viagens de automóvel: malas menores e moles se acomodam com mais facilidade no porta-malas.
- Viagens com clima de andarilho: mochilões superequipados, resistentes e cheios de compartimentos são insubstituíveis.
- Viagens curtas ou de negócios: duas malas pequenas (ou mala de bordo + mochila ou mala de mão), mesmo que mais vazias, prestam mais serviços do que uma média cheia.
- Final de semana na praia ou no campo: sacolas resistentes a água, a lama e a bagageiros de ônibus de localidades mais distantes.
- Não seja espaçoso. Não ocupe todo o bagageiro com as suas bolsas, pacotes ou malas e não espalhe suas bolsas ou sacolas pelo chão ou no pé do vizinho.
- Uma regra de ouro: procure levar só o que você pode carregar sem precisar de ajuda.

O PESO DAS MALAS

- Por mais que se tente padronizar, as regras para o transporte aéreo de bagagem variam em função do tamanho dos aviões, do destino do voo e da classe de serviços pela qual o passageiro optou. Além disso, a legislação está em permanente mudança. Consulte a companhia aérea (dentro e fora do país) para não ter que doar metade dos seus pertences na fila de embarque, ou pagar o olho da cara por excesso.
- Na maioria dos voos internacionais, é permitido despachar:

- Na primeira classe e na classe executiva: duas malas de 32kg cada, sendo que a soma das duas não deve ultrapassar a dimensão de 158cm. Na classe econômica: duas malas de 23kg cada, sem que a soma ultrapasse a dimensão de 158cm. Para as crianças, há uma medida à parte.

- A franquia para a mala de bordo nos voos internacionais varia de 12 a 20kg por pessoa. Nos voos nacionais, 5kg; pouquíssimo, considerando que às vezes só a mala já pesa isso.

- Para bagagem a ser despachada:
  - Nos voos nacionais: 30kg por pessoa (primeira classe) e até 23kg por pessoa (nas demais).
  - Voos domésticos em outros países: assim como no Brasil, mudam as regras em função do tamanho do avião, em geral menores. Isso pode dar muita dor de cabeça para certas conexões. Por exemplo: chegar a Nova York e visitar um amigo na Pensilvânia, com o dobro da bagagem permitida. Consulte antes.

- Em caso de extravio das malas: indenização de vinte dólares por quilo de bagagem. Uma miséria!

MALAS, ALFÂNDEGA E SEGURANÇA

- No quesito cadeados, o melhor a fazer é aceitar que, por razões de segurança, policiais podem abrir malas para eventuais buscas. Por isso, venceu o sistema americano de cadeados com segredo — e não de chaves — aprovados pela TSA (Transportation Security Administration). Eles podem ser abertos pelas chaves mestras dos agentes de segurança, sem danificar a bagagem.

- Peça etiquetas de identificação para o pessoal da agência ou da companhia aérea — tanto para a mala despachada quanto para a de bordo. Preencha com seu nome e número do celular ativo durante a viagem ou de alguém de fácil acesso. Não basta telefone comercial, porque, se o extravio da mala acontecer à noite, não haverá como localizar o dono.

- Invente uma personalização qualquer para que ela não se confunda com a infinidade de malas iguais que vão aparecer nas esteiras. Dê laços com fitas coloridas, etiquetas luminosas, qualquer coisa que você reconheça de longe. Nunca imagine que sua mala é a única cor-de-rosa do voo.

- Plastificar a bagagem tem sido um bom recurso para impedir possíveis violações no seu percurso até o avião, embora o agente federal possa abrir qualquer mala considerada suspeita — inclusive as plastificadas.

ASSUNTOS QUE MERECEM SUA ATENÇÃO ANTES DE FAZER A MALA

- O clima que você vai encontrar. Consulte pela internet ou ligue para as pessoas do lugar. Assim você evita passar pelo aperto de Valéria Assis, na lua de mel em Bariloche, mais de vinte anos atrás.

"Fomos ao Serro Catedral e, enquanto todos se divertiam na neve, eu e meu marido fomos tomar um chá, pois nossas roupas arrumadinhas nos impediam de usufruir do passeio. Voltamos para o hotel, chateados com nosso amadorismo. Bom, resolvemos repetir o roteiro no final do ano. Detalhe: prometemos alugar roupas adequadas para o passeio frustrado. E, assim, saímos do hotel como dois astronautas coloridos. Quando entramos no ônibus cheio de jovens, alguns não continham o riso. Mais um mico: estávamos no verão, nem sinal de neve no Serro Catedral!"

- ▸ A duração da viagem.
- ▸ As atividades previstas. Faça um teste mental: você vai andar o dia inteiro; jantar à noite; ir à festa especial, fazer ginástica uma hora por dia etc. Liste as ocasiões. Informe-se dos passeios para não ir de chinelinho de dedo na estação de esqui, como Lorena Bezerra — outra que se deixou levar pelos hábitos de vestir do lugar onde mora:

"Não gosto muito de usar calças, então, na viagem para Santiago do Chile, levei apenas uma calça jeans e uma de algodão. Em um belo dia, vesti a tal calça de algodão + camiseta + moletom e havaianas. Saímos para um passeio. Achei que íamos visitar um shopping, mas, na verdade, subimos a cordilheira dos Andes. Imagina o meu desespero, indo ao encontro de uma estação de esqui (fechada, porque ainda não estava nevando), a uma temperatura abaixo de zero, com aquela roupa? Quando chegamos lá em cima, todos devidamente 'empacotados' andando e batendo fotos felizes da vida e aquecidos, e eu sem sentir meus dedos em cinco minutos de caminhada! Mas a sensação de estar lá em cima, admirar aquela vista (apesar da massa de névoa que havia ali), era inexplicável. A emoção era tão grande que tirei o moletom, encarei aquela névoa e os pingos de chuva e bati fotos no maior estilo! O resultado foram dedos dos pés e das mãos inchados e dormentes por algumas horas, lábios roxos e frequentes calafrios... Mas nada como uma lareira dentro de uma cabana no meio do nada, lá em cima, para me aquecer, e a experiência maravilhosa e inesquecível!"

▶ Combina? Roupas de cores neutras são fáceis de coordenar e admitem acessórios de cores fortes.

▶ Acessórios. Seja generosa em matéria de lenços, meias, bijuterias, cintos etc. Não ocupam espaço e dão o tempero fashion para as suas roupas.

▶ Tecidos. Separe os magros, fáceis de manter e que não amassam: malhas, microfibras etc.

▶ Se a sua viagem é do tipo intercâmbio, ou algo mais prolongado, deixe para comprar parte das suas roupas por lá mesmo. Você se sentirá melhor com tecidos adaptados ao clima e vestindo a moda com o jeitão do lugar.

▶ Sapatos. Esqueça os novos. Leve os companheiros com quem você sempre se deu bem em longas caminhadas. Acondicione em sacos individuais. Aproveite para recheá-los com as meias, cintos ou bijus. Você economiza espaço na mala e ainda evita que os sapatos amassem.

PASSO A PASSO PARA ARRUMAR SUA MALA

Escolha uma boa mala para as suas roupas e sapatos. Nada de misturar suas roupas e acessórios com os do marido ou filho, numa mala gigante e difícil de carregar.

Coloque em cima da cama as roupas que estão na lista que preparamos para você, conforme o clima do lugar e a duração da sua viagem.

NO FUNDO DA MALA

▶ sacola de nylon bem leve para voltar com as compras, as roupas usadas, os folhetos de passeios e as lembrancinhas.

▶ cabides: leve meia dúzia daqueles levinhos de lavanderia e que podem ser pendurados no banheiro. Não conte com os do hotel, feitos para não serem tirados do armário. Ao voltar, deixe-os por lá.

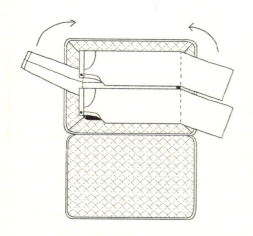 

PRIMEIRO ANDAR: CALÇAS, SAIAS, VESTIDOS, JAQUETAS, CAMISAS, PALETÓS E CASACO

- Estenda as calças na mala, deixando parte das pernas de fora (tipo do joelho para baixo). Depois, vá estendendo por cima as peças que couberem abertas. Roupa de mulher não ocupa tanto a extensão da mala. Por isso, quanto mais abertas as roupas, melhor. Amassam menos.
- Acomode as saias, vestidos, jaquetas, camisas e paletós. Esses três últimos são dobrados com as mangas para trás e até onde o tamanho da mala permitir.
- Paletós, com as mangas do avesso. Procure colocar uma peça sobre a outra alternando o sentido, para nivelar a mala.
- Agora, é hora de dobrar de volta as pernas das calças, evitando que fiquem amassadas;
- O *trench coat* (ou a peça mais longa da lista) encerra este andar.

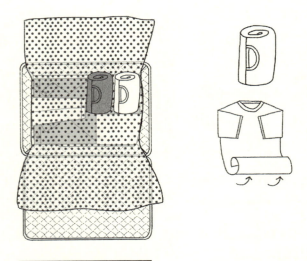

SEGUNDO ANDAR: MALHAS, CAMISETAS, SHORTS, MINIVESTIDOS, TÚNICAS

- Dobre malhas e camisetas ou faça vários rolinhos e vá encaixando inteligentemente, de modo que as roupas fiquem no mesmo nível. No verão, entram shorts e minivestidos.
- Xales, lenços e cachecóis: dobrados ou em rolos, são um bom recheio no andar das roupas menores.
- Para fechar este andar, estenda um lenço bem fino — com metade para fora da mala.

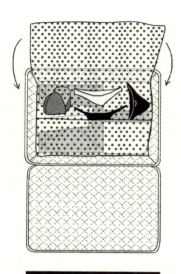

TERCEIRO ANDAR: ROUPA ÍNTIMA
▶ Sobre o lenço vá colocando a lingerie: calcinhas, camisolas, sutiã, *robe de chambre*. Feche com a outra metade do lenço. É um bom jeito de evitar que o fiscal da alfândega veja todas as suas calcinhas na mala.

QUARTO ANDAR: SAPATOS, BOLSAS, CINTOS, ARTIGOS DE HIGIENE, BIJUS
▶ É a hora dos acessórios. Enfie cada pé de sapato em saquinhos de pano. E vá colocando nas laterais da mala, de um jeito que amassem menos. Aproveite para enfiar meias dentro dos sapatos.
▶ Coloque os cintos esticados, acompanhando a borda da mala.

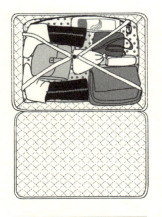 

- Botas podem ser protegidas pelos sacos apenas na região dos pés.
- Coloque as bolsas.
- Nos buracos e laterais encaixe tudo o que você quer levar e que não vai ser usado na viagem: xampu hermeticamente fechado dentro de plásticos; cremes; condicionador; secador (se quiser); óculos extras — na caixinha, é claro; tomada universal. E assim por diante. Eu prefiro separar os cosméticos e frascos a levar tudo junto num grande *nécessaire* que ocupa um espaço enorme na mala. O único cuidado é enrolar bem em plástico para que não vazem.
- Se levar pijama, deixe-o por último. Evita ter que desfazer a mala em escalas curtas.

Truque para diminuir o volume: o seu casacão de neve, superfofo, pode se transformar num tapete se você usar um plástico de fechamento a vácuo. Esse tipo de embalagem pode reduzir em até 75% qualquer volume de roupa.

COMO DOBRAR SEM AMASSAR

PALETÓ

DO AVESSO Vire paletós e casacos do avesso, com as mangas por dentro. Dependendo do tamanho da mala, dobre ao meio e recheie com rolinhos de outras peças para não marcar as dobras.

CAMISA

ABAIXO DA CINTURA Abotoe as camisas e coloque as mangas para trás. Dobre numa linha abaixo da cintura — ou até o limite da extensão da mala. Assim, a marca da dobra não fica bem no meio da barriga ou do peito, na hora de usar.

CAMISETA

ROLINHOS É um bom jeito de acomodar camisetas e outras malhas finas na mala.

DEIXE EM CASA

- O segundo casaco: por mais frio que esteja, você só conseguirá usar um de cada vez.
- O quarto par de sapatos: um par esportivo, um social e tênis são suficientes.
- Roupas extravagantes: esqueça as que só combinam com elas mesmas.

- O segundo terno: a menos que você tenha vários compromissos profissionais.
- Qualquer roupa que não esteja 100% em dia. Viagem não é hora de consertos, nem de contratempos.

COISAS QUE NÃO VAI TER A QUEM PEDIR EMPRESTADAS

- cortador e lixa de unha
- prestobarba
- aspirina
- band-aid
- máquina fotográfica

CHECKLIST DE TOILETTE
(COISAS QUE VÃO NA MALA DESPACHADA)

PARA OS CABELOS
- escovas redondas e pente
- grampos e elásticos
- xampu e condicionador
- touca de banho
- secador de cabelo (se não for se hospedar em hotel)

PARA ROSTO E CORPO
- algodões
- protetores solares
- hidratante de corpo
- desodorante
- estojinho de unha com esmaltes

- perfume
- pinça
- creme de limpeza e loção tônica
- cremes noturnos
- maquiagem (a de sempre)
- absorventes

ATENÇÃO Nas viagens de avião, como as malas vão numa cabine despressurizada, dispense embalagens do tipo spray: o líquido pode se esparramar e comer as suas roupas...

BAGAGEM DE MÃO

Desde o 11 de Setembro, ficou proibido entrar em aviões com qualquer objeto cortante (incluindo pinça e agulha!) e com frascos contendo mais do que 100ml de qualquer produto de higiene ou cosmético (gel, pasta de dentes, perfumes etc.). Ainda que você providencie miniaturas, os conteúdos precisam estar visíveis e acondicionados em *nécessaire* transparente de 20x20cm e não podem exceder um litro no total! Quebrou a regra? Prepare-se para ter seu hidratante preferido confiscado.

▶ Produtos comprados no *free shop* antes do embarque também serão lacrados, em conformidade com as regras. Porém, é sempre bom perguntar sobre a legislação de cada país, pois conheço quem tenha deixado seus cosméticos recém-comprados no balcão da companhia, numa conexão na Ásia, e sem direito a choro.

▸ Coloque o necessário para passar uma noite fora, caso sua bagagem se extravie.

NO INVERNO (ELA)
1 camisa branca ou 1 suéter fininho
1 camiseta de mangas longas
meias soquetes e meia-calça
cachecol
1 par de luvas
roupa íntima

NO VERÃO (ELA)
1 vestidinho leve ou 1 blusa
1 par de sandálias
roupa íntima
camiseta para dormir

NO INVERNO (ELE)
1 camisa
1 camiseta de mangas longas
meias
cachecol
1 par de luvas
1 cueca

NO VERÃO (ELE)
1 camiseta de mangas curtas

1 camisa
1 sapato para usar sem meias
1 cueca
óculos escuros

COISAS QUE NÃO PODEM FALTAR

Já deve ter acontecido com você (como já aconteceu comigo): lembrar, no meio da viagem, que esqueceu um remédio, a escova preferida de cabelo, a tesourinha sem a qual você não vive ou, pior, algum acessório que pode custar um dinheiro que não precisava gastar! Tudo isso pode ser evitado com um planejamento melhor das coisas que vão junto com você e do *nécessaire* arrumado para ser despachado na mala:

CHECKLIST DAS COISAS QUE VÃO NA SUA MALA DE MÃO

- documento de identidade e passaporte
- passagens
- reservas de hotéis
- carteira de motorista
- dinheiro, cheques de viagem, cartão de crédito
- guia de viagem da cidade para onde você vai
- cópias de documentos importantes
- autorização de viagem (menores desacompanhados dos pais ou só com um dos pais)
- confirmações de curso, convites de eventos, mapa do congresso etc.
- chaves dos cadeados das malas

- carteirinha de Seguro Saúde Internacional: leia a apólice e verifique os telefones de contato e de emergência
- livro ou revista
- máquina fotográfica (carregador de bateria pode ir na mala)
- celular (carregador na mala)
- notebook (acessórios na mala)
- caderninho de endereços
- hidratante (mini)
- desodorante (mini)
- lenços umedecidos
- escova de dente e minipasta
- óculos (de grau e escuros ou kit com lentes de contato)
- medicamentos (diários e preventivos)
- joias (andam com você no trajeto. Pisou no hotel, guarde-as no cofre junto com passaporte e outros documentos e objetos de valor)
- protetores auriculares para viagens longas (se for seu hábito).

▶ Leve seu travesseiro (se você for maníaco e não dormir sem o seu).

ROUPA PARA VIAJAR

Você vai passar boas horas sentada até chegar. Nem por isso precisa viajar de *jogging* de *plush*, como se estivesse de pijaminha... Prefira calça comprida de cor escura, de tecido elástico que não amasse e que deixe seus movimentos livres. A blusa também deve ser gostosa de vestir. Evite babados e amarrações difíceis. Uma básica de malha resolve. Nos pés, sapatos de amarrar. Dependendo da quantidade de horas de viagem, os pés incham. E, na hora de calçar os sapatos de volta, é um aperto!

- Leve um cardigã para se proteger do ar-condicionado, seja em avião, ônibus, trem ou salões dos navios; mesmo que seja verão e que esteja o maior sol lá fora, você vai precisar desse bendito casaquinho.
- Alivie o peso da mala levando o seu casaco mais pesado na mão. Leve um que cubra, no mínimo, o seu bumbum. Do contrário, você se sentirá sempre gelada...
- Óculos escuros não podem faltar. É a maquiagem para todas as horas: esconde olheiras e disfarça o cansaço. Mas atenção: tire quando se aproximar do fiscal da alfândega. Eles costumam achar tudo suspeito...
- Aviso aos rapazes: não viajem de bermuda e regata. Ninguém quer ficar muito perto de pernas e braços peludos.
- Tome banho e passe desodorante antes de embarcar: é essencial.

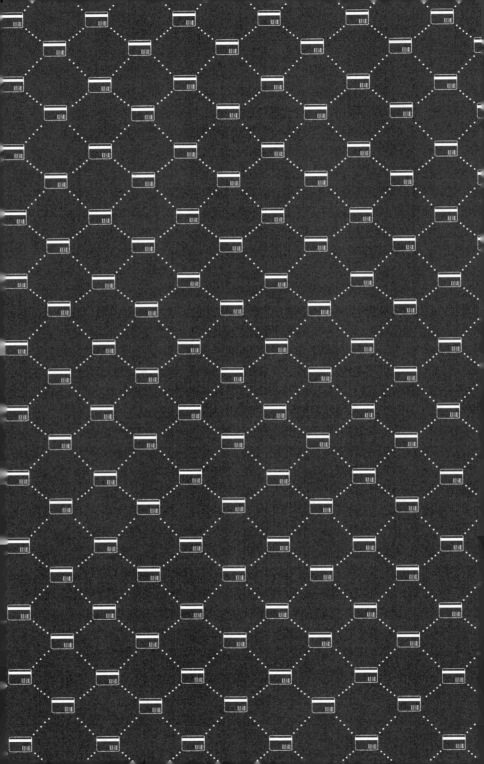

NO AR

5

Esse é o seu cartão de embarque, com informações necessárias do voo: **Portão (*gate*)**: é onde você será chamado para embarque. Por diferentes razões, a aeronave pode pousar em outro local, o que modificará o portão. Nesse caso, atente para os chamados de voz. **Número do voo (*flight number*)**: por meio desse número você vê pelo painel eletrônico do aeroporto se a aeronave já pousou; se o voo foi confirmado; ou a estimativa de chegada ou saída. **Assento (*seat*)**: é o seu lugar marcado. Qualquer pedido de alteração, só com a concordância do comissário de bordo. **Embarque (*boarding*)**: horário em que se inicia a chamada dos passageiros do voo.

O PRIMEIRO VOO DA CLEUSIMAR

A decisão foi tomada, e Cleusimar vai de avião visitar a família. A passagem está baratinha, a data é boa, e faz um tempão que ela não vê as tias e as primas; como se não bastasse, o irmão do seu pai, seu padrinho, acabou de ser operado e andou perguntando por ela. Sem contar que ela não tem muito tempo e que uma viagem de ônibus comeria quatro dias inteiros da sua folga. O único problema agora é encarar a ideia de subir num trem daquele que voa. "Como é possível que uma coisa daquela, tão pesada e tão cheia de gente, voe? E se eu passar mal, será que tem quem me acuda? Tem banheiro? Preciso levar comida?", fica se perguntando. As irmãs já viajaram, dão risada das perguntas e dizem para ela relaxar que não vai ter problema nenhum: os banheiros são decentes, a comidinha é meio leve, mas quebra um galho, e a única coisa para a qual a gente tem que se preparar são umas chacoalhadas que o avião pode dar. O resto é só chegar ao aeroporto com bastante antecedência, prestar atenção no que diz a passagem, ler os avisos que estão por todos os lados no aeroporto, que vai dar tudo certo. E se tiver ainda alguma dúvida, vale também ir ao balcão da companhia e fazer todas as perguntas que sentir vontade sobre o despacho das malas, o embarque, a chegada. Não esqueça, Cleusimar, que quem tem boca (e olho) chega a Roma, a Fortaleza, a Miami, a Paris...

QUE CLASSE!

Cada companhia desenvolve serviços especiais para seu público, mas, em geral, a diferença se faz sentir em dois quesitos: espaço e alimentação.

PRIMEIRA CLASSE O grande diferencial é ter espaço e privacidade. São verdadeiras camas, com direito a roupa de cama, chinelos, *nécessaire* com cosméticos, pijama e travesseiro. Serviço de restaurante com menu *à la carte* e bebida livre. Tudo individual: cinema, telefones e tomadas para espetar os eletrônicos costumam entrar no pacote de mordomias.

CLASSE EXECUTIVA A diferença em relação à classe turística está nas poltronas reclináveis, bastante espaçosas, e nas opções bem mais caprichadas do cardápio. Costuma oferecer tomadas individuais para celulares e computadores, travesseiro, cobertor, kit com chinelo, meias, máscara de dormir, escova de dentes e barbeador.

CLASSE TURÍSTICA OU ECONÔMICA O principal problema é a distância muito pequena entre os assentos. Isso obriga passageiros que viajam na poltrona do meio ou da janela a escalar o companheiro de viagem a cada saída para ir ao banheiro. O entretenimento é coletivo, o serviço de restaurante só é oferecido nas horas estipuladas e com um cardápio muito limitado. Muitas companhias oferecem travesseiro, manta para se cobrir e meias. Forte tendência: vários itens da executiva podem ser comprados em separado para o seu voo econômico — assento mais confortável, outra opção de comida a bordo. Informe-se.

DIA DE AEROPORTO

Não se iluda: viagens internacionais ocupam um dia inteiro de preparação — para ir e para voltar.

- ▶ Reconfirme as passagens com 72 horas de antecedência junto às companhias aéreas, para evitar surpresas com possíveis cancelamentos de voo ou alteração de datas.
- ▶ Procure chegar ao aeroporto três horas antes do horário de embarque (quatro em feriados e alta estação).

NA FILA DO CHECK-IN

Entre no aeroporto com a passagem e seus documentos bem à mão. Localize o balcão da companhia pela qual vai viajar e procure a fila onde estão os passageiros que vão para o mesmo destino que você. Se não descobrir qual é a sua fila, pergunte a alguém da companhia aérea que está lá para orientá-lo. Fique na fila com sua bagagem, com a passagem e os documentos na mão para não atrasar o embarque. Quando chegar sua vez, vá até o balcão para registrar seu acolhimento no voo. É o que se chama de check-in; eles vão receber sua passagem, checar seu documento, pesar suas malas, marcá-las e despachá-las para seu destino. É aí também que o funcionário da companhia vai explicar o horário previsto do embarque e a porta por onde ele será feito. Com todos os tíquetes desse procedimento em mãos, você está pronto para dirigir-se à sala do embarque, onde vai aguardar o avião. Não pense que esse aviso é definitivo. Muitos aviões mudam de porta de embarque por razões técnicas, então fique de olho nos painéis de aviso da sala de embarque e também muito atento aos comunicados que são dados por alto-falantes. Qualquer distração na livraria ou em alguma das lojinhas pode fazer você não ouvir o aviso e até mesmo perder o avião.

- Para viagens domésticas e certos destinos da América do Sul, é possível cumprir o ritual do check-in em casa, por internet ou celular, o que encurta ou até mesmo evita filas.
- Nos voos domésticos, caso você esteja sem bagagem para despachar, o check-in on-line permite que você se dirija direto para a sala de embarque. Com bagagem, entra numa fila um pouco menor, no check-in expresso, já que você está de posse do cartão de embarque com os dados necessários da viagem.
- Nos voos internacionais, entretanto, não há como escapar da apresentação pessoal. A equipe da imigração fará as perguntas de praxe sobre o conteúdo da bagagem. Na alta temporada, as filas são enormes.
- Esperar a sua vez no guichê do check-in para só então revirar a bolsa em busca dos documentos necessários é uma tremenda desconsideração com os companheiros de fila.

- Na hora de marcar assentos na classe turística, saiba que: crianças amam janelinha; os que têm pernas longas e os que precisam ir ao banheiro com frequência viajam melhor no corredor.
- Alguma dieta especial? Avise antes a companhia aérea. Mas saiba que você corre o risco de passar fome em alguns voos se disser que é vegetariano. Às vezes compensa só tirar o presunto do pão.
- O pior pode acontecer: seu voo pode ser cancelado, o aeroporto, fechado para pousos e decolagens, ou você pode ser vítima do famoso *overbooking*. É isso mesmo: a companhia aérea pode vender mais bilhetes do que os assentos disponíveis no voo, contando com a média de desistências. Essas e outras situações desestabilizadoras infelizmente se repetem nos aeroportos. Os funcionários, nesses momentos, transformam-se em robôs, não informam a contento e nem demonstram algum traço de humanidade pela senhora que vai perder o batizado da neta, em Rondônia, e há três horas está tentando avisar a família sem saber o que dizer ao telefone.

NA SALA DE EMBARQUE

- Mesmo com os dados do cartão de embarque em mãos, é para lá de comum surgirem mil e uma alterações na programação: a aeronave estacionar em outro portão, o voo atrasar, o aeroporto fechar etc. Preste atenção aos avisos sonoros e se ligue nas mensagens do *painel de chegadas e partidas*: voos confirmados, estacionados, atrasados etc.

▶ Comprinhas no *free shop*, cafezinho, jornais: de olho no relógio, pois há quem se esqueça da vida (e da viagem).

▶ Por uma questão de logística, as companhias criam filas diferenciadas para o embarque: por número de assento, passageiros especiais etc. Entre na certa.

DENTRO DO AVIÃO

▶ Chic é ser civilizado. Não dá nem para parecer elegante se suas atitudes atrapalham a viagem dos outros.

▶ Sente no lugar marcado. Depois que o embarque for encerrado e todo mundo estiver acomodado, aí sim você pode negociar com os comissários de bordo a mudança para outro mais conveniente. Aliás, são eles que resolvem qualquer problema durante o voo. Nada de sair batendo boca com o vizinho, mesmo que coberto de razão.

▶ O bagageiro acima do seu assento não é só seu. Tente ser justo na divisão de espaço. E separe com você o que deve usar durante a viagem, para não levantar e abrir o bagageiro de tempos em tempos.

▶ Mesmo que sua bagagem de mão fique longe de você, e não no compartimento acima da sua cabeça, não se preocupe. Ela não saiu voando e pode ser resgatada a qualquer momento.

▶ O banheiro do avião não se parece em nada com o da sua casa. Para entrar já tem um problema: *push* não é "puxe".

É justamente o contrário: "empurre" a portinhola e lembre-se de fechar para dar o sinal de *occupied* para quem está do lado de fora. Lá dentro, perca alguns minutos olhando ao redor — até entender onde estão os apetrechos para todas as suas necessidades: papel para forrar o vaso, papel higiênico, papel para enxugar as mãos, lixinho para o papel de mão etc. Deixe o lugar em ordem ao sair.

- Voar dá enjoo? Pode acontecer, sim. Especialmente em aeronaves menores, mais sujeitas à turbulência. Caso a pessoa passe mal e precise vomitar, há um saquinho bem em frente à sua poltrona.

SAIBA QUE VOCÊ ESTÁ ATRAPALHANDO

- Incontinência verbal — é muito chato.
- Quando arruma suas coisas no corredor da aeronave, sem tirar a mochila das costas, batendo com ela nas pessoas sentadas. Trate sua mochila como um passageiro a mais.
- Ligar equipamentos ruidosos e luminosos — especialmente nos voos noturnos.
- Se você resolve tirar os sapatos, sem que os pés estejam limpos e cheirosos.

ALÔ, PASSAGEIROS!

- *Quero ir ao banheiro, mas o vizinho de poltrona não acorda. Como peço passagem?* Não precisa pedir. Pule o colega. Se não conseguir, você tem todo o direito de acordá-lo educadamente ou pedir ajuda aos comissários de bordo.

- *A pessoa do meu lado não para de roncar. O que faço?* Azar. Com roncador e criança chorona, não há o que fazer. Protetores auriculares existem para isso e devem estar em todo kit viagem, junto com seu livro e sua máscara para dormir.
- *Quem tem direito ao braço da poltrona?* Todo mundo tem direito a pelo menos um braço. Numa fileira de três poltronas, por exemplo, a pessoa que está perto da janela usa o braço mais perto da janela, a do corredor, o externo; a que está no meio escolhe. Tem braço sobrando, dá para todo mundo.
- *É gafe pedir para ver a cabine do piloto?* Não. Se você tem curiosidade... Por que não?
- *Não quero conversar. Mas meu colega de poltrona está carente. Como fugir?* Enfie a cara num livro ou numa revista. Se não gosta de ler, finja que está dormindo. É o melhor jeito. Ouça música com fones de ouvido, ou qualquer outra forma de distanciamento.

OUTROS AVISOS

- É comum o piloto falar "afivelem os cintos, pois iremos passar por uma forte turbulência". Isso não é o mesmo que falar "o avião vai cair"; é apenas para aumentar sua segurança.
- Espere o comandante autorizar o uso dos aparelhos eletrônicos. E atenda aos chamamentos para desligá-los quando necessário.
- Pode, sim, levar uma almofadinha, sua manta predileta...

BELEZA NO VOO

- Hidrate-se (antes e durante).
- Proteja os lábios — rapazes e moças!
- Beba pouquíssimo álcool.
- Coma pouco.

BEBÊS E CRIANÇAS A BORDO

- Impeça que seu filho fique chutando a poltrona da frente. Tente distraí-lo na viagem com coisas de que ele goste: livros, joguinhos, naninha...
- O pior dos mundos para os pais é fazer um voo mais longo que seis horas. É preferível pegar um com escalas para que a criança possa descer e correr um pouco pelo aeroporto. Principalmente se o voo for diurno.
- O pediatra pode, sim, recomendar medicamentos para prevenir enjoos e reduzir a irritação durante a viagem.
- É bom levar um *sling*. Bebê no colinho tem mais chance de dormir na viagem do que na insegurança do bebê-conforto.
- Brinquedinhos: para o avião é fundamental, desde que não tenha sons infernais que incomodem os outros passageiros. Filmes no DVD portátil são uma boa distração, desde que a criança fique com fone de ouvido.

A SAÍDA DO AVIÃO...

Na hora de descer, proteja-se da pressão nos ouvidos — chupe uma bala, faça de conta que está engolindo, boceje, masque chiclete, tome uma bebida. Bebês podem ser amamentados ou então auxiliados pela chupeta.

DEPOIS DO VOO

▶ Chegou ao seu destino? E agora? Não tem segredo, basta seguir seus companheiros de viagem, que vão se direcionar para a esteira que deve trazer as malas. No alto de cada uma delas vai estar identificado o número do voo que chegou e o nome da companhia aérea. Procure o seu.

▶ No Brasil o carrinho de malas é de graça. Em muitos países você desembolsará suas primeiras moedas estrangeiras.

▶ Se você estiver desembarcando de um voo internacional, o pessoal da alfândega poderá escolher a bagagem para averiguações (ver Malas, alfândega e segurança, p.80). Pare e prepare-se para dar explicações sobre o que comprou; guarde sempre as notas fiscais dos eletrônicos, especialmente. São eles os mais visados pela curiosidade dos fiscais.

▶ Ao sair, não entupa a porta: afaste-se do portão de desembarque antes de cair nos braços dos amigos ou familiares que o aguardam — afinal, quem vem atrás não é obrigado a esperar o fim da sessão de abraços emocionados antes de seguir caminho.

SERÁ QUE MINHA MALA VAI CHEGAR?

Não tem quem não respire aliviado ao ver as malas aparecerem na esteira de chegada. São poucas as situações mais desanimadoras e aflitivas do que ficar por último no saguão do aeroporto e constatar que sua mala não apareceu. Mas pode acontecer. Respire fundo, fique calmo e dirija-se imediatamente ao balcão da companhia aérea para saber o passo a passo desse chatérrimo procedimento.

▶ Algumas companhias localizam rapidamente as malas no sistema do computador. Tranquilizado, você aguarda em casa ou vem pessoalmente ao aeroporto fazer o resgate — depende da empresa. Outras pedem que você preencha um formulário e que espere, em casa, uma posição final. Pode se preparar para bons momentos de tensão até saber o que aconteceu e onde foram parar as suas preciosas malas.

▶ Antes de viajar, faça suas contas. No caso de perda total da sua bagagem (que também pode acontecer), as companhias pagam algo como quatrocentos dólares para uma mala de vinte quilos; e 640 dólares para a mala de 32 quilos. Caso você considere pouco (e é uma miséria), faça um seguro-bagagem antes de partir.

▶ Não carregue coisas de muito valor na mala de viagem e tente sempre que possível diferenciá-la das demais, na esteira são dicas que geralmente funcionam. Mas nem sempre evitam o acaso de ter a mala trocada na esteira. Silvania Freitas saiu do Ceará para passar o feriado de 7 de Setembro com o marido (hoje ex), na época trabalhando no Rio Grande do Sul.

"Comprei várias roupas íntimas, sensuais, coloridas. Cortei cabelo, peguei um bronzeado, arrumei unhas, enfim, tudo para impressionar, aproveitar e matar a saudade. Como não tinha uma mala pequena, uma amiga me emprestou uma sacola de viagem, suficiente para os quatro dias. Por ter uma estampa bem diferente, não tive a preocupação de colocar qualquer identificação. Chegando à capital gaúcha, feliz, entre beijos e abraços, começamos a nos esquentar dentro do carro. Já no flat, pedi para tomar um banho e colocar uma lingerie... E, para minha surpresa, ao abrir a bolsa, só encontrei cuecas bem gastas, calça jeans e camisetas velhas. 'Peguei a bolsa errada!', gritei, desesperada. Fomos direto para o aeroporto, porém o guichê da empresa já estava fechado. O resgate da bolsa ficou para o dia seguinte. No flat, não tive ânimo pra nada, só pensava nas coisas de valor que estavam na sacola, incluindo minhas joias. Pela manhã, felizmente, consegui trocar a bolsa. Para o meu espanto, eram mesmo iguaizinhas!"

A VIAGEM CONTINUA: CONEXÕES E ESCALAS

Num voo direto, o avião decolou na cidade de origem e só parou na cidade de destino. Mas nem sempre isso é possível. O avião pode parar durante o percurso (escala) sem que você tenha que sair da aeronave. Ou então o avião para, e você é obrigado a trocar de aeronave para prosseguir: é a famosa conexão, muitas vezes complicada para os passageiros de primeira viagem. É hora de ficar ligado:

- Ao sair da aeronave, preste atenção no funcionário que mostra para onde vão os passageiros em trânsito. Se, por alguma razão, você pegou o caminho errado, procure informações no balcão da sua companhia. Está aí uma grande vantagem de viajar com agências de viagem. No aperto, você tem como recorrer a elas ou receber instruções mais detalhadas.
- Na maioria dos casos, embora você mude de aeronave, a sua bagagem será transferida entre os aviões. Você não precisa se preocupar com ela. Quer dizer: reze apenas para que façam a transferência a tempo...
- Algumas conexões representam horas de espera no aeroporto. Programe-se, pois você já estava ciente disso desde quando comprou a passagem.
- Se você está esperando há mais de cinco horas sua conexão para Dubai, num aeroporto em Delhi, em plena madrugada, tem todo o direito de dormir em cima de quantas cadeiras conseguir pegar. Mas se você perdeu um voo de ponte aérea Rio-São Paulo, nem pense em se esparramar em várias cadeiras, deixando pessoas em pé.

NO MAR 6

Viajar de navio, depois da invenção do avião, era para poucos e ricos — pessoas que tinham tempo para perder, de dez a doze dias até chegar ao seu destino, sem falar em outros tantos no caminho de volta. Esse tipo de viagem ainda existe, mas há outras modalidades mais aceleradas e baratinhas. Hoje, viajar de navio é o delírio possível de pessoas que estão muito mais interessadas na festa e no agito que uma viagem curta representa do que no sossego infindável de uma travessia longa e calminha.

No Brasil a moda se instalou recentemente, e as companhias marítimas andam oferecendo pacotes de cruzeiros que passam três ou quatro dias pela nossa costa a preços (financiados a perder de vista) de uma dúzia de bananas. Com música, comida farta, festa e farra garantidas.

Luiz Paulo Sena foi todo feliz passar o Carnaval num navio que passeava entre a costa e as ilhas do litoral de São Paulo e do Rio.

"Eu sabia que ia ser pauleira, pois já haviam me prevenido que feriados desse tipo são animados mesmo. Se você quiser uma viagem mais família, com a família, evite essa data para não ter que dar com um cara bêbado e pelado cantando 'Ai, se eu te pego' às quatro da madrugada no corredor do seu quarto. E, se quiser dormir ou entrar na piscina sem ser incomodado com gritos e água espalhada, evite o Natal, quando pode acontecer de haver oitocentas crianças embarcadas! O caso é que eu estava a fim de me divertir e fui. Correu tudo muito bem: boa companhia, boa bebida, bailes até altas horas. Só na última hora tive um problema digno do Carnaval: a tripulação adverte os passageiros que deixem, na noite anterior ao desembarque, todas as malas fechadas no corredor em frente à cabine para que, durante a madrugada, elas sejam transportadas até a saída do navio. Assim, quando o navio atraca, elas vão direto para a estação marítima. O que acontece é que, meio alto pela festa de despedida (aonde fui vestido de pirata), me esqueci de separar uma roupa normal para desembarcar, assim como pente, escova de dente, óculos... mesmo tendo sido avisado tanto verbalmente quanto por escrito no programa de bordo, para não esquecer. Resultado: desci do navio desentendido, de fantasia, cego e quase descalço.... O resto é só imaginar."

CARTÃO DE IDENTIFICAÇÃO

LEGENDA No momento do embarque, você recebe o cartão do convidado (*guest card*). Ele costuma trazer, na frente ou no verso, o desenho do navio; nome; data de chegada e saída; tarja magnética para controle de entrada e saída do navio; e dois códigos de barras para localização — tanto em alto-mar, numa emergência, quanto em terra firme, caso você se distancie dos demais passageiros. O cartão único também registra o seu cartão de crédito. Assim, torna-se moeda de compra no navio. Lembre-se de que o mesmo será feito no cartão de identificação dos menores de idade. Portanto, cuidado com os gastos de seus filhos!

O CRUZEIRO DOS MEUS SONHOS...

Você vai entrar num resort flutuante, com ambientes e programação para todos os gostos — tipo de música, de comida, de jogos, esportes etc. A cada ano, a decoração reforça a ideia de um mundo à parte, totalmente voltado para consumo, festa e lazer — no estilo Las Vegas. Você encontra cruzeiros que oferecem desde um simulador com carro de Fórmula 1 de verdade até show ao vivo com o cantor das multidões.

▶ Assim como nos resorts, o sistema mais usado é o *all-inclusive* — com refeições incluídas e consumo pessoal de bebida à parte. Algumas companhias utilizam o *open bar* — à base de coquetéis e bebidas populares. Finalmente, há cruzeiros que, além do sistema *all-inclusive*, mantêm alguns restaurantes luxuosos pagos à parte.

▶ Cruzeiros atuais criam mil e um atrativos cobrados à parte: serviço de quarto 24 horas; cibercafé; cinema 4-D, spa e assim por diante.

▶ Internet 24 horas é um serviço opcional, caro, cobrado à parte e que pode ser efetuado em qualquer ponto do oceano, via satélite. Outra opção é pagar taxas sob demanda, na *calling station* — com serviços de uma *lan house* (tem, inclusive, salgadinhos para consumo) e até de envio de dinheiro para o país de origem etc.

CLIENTE PRIME

▶ Os cruzeiros atuais oferecem uma classe especial: sessenta (ou em torno de 0,5% do total das cabines) suítes de alto luxo, externas, com varanda e piscina privativa e serviço 24 horas, com gracinhas a que os outros passageiros não têm acesso — mordomos arrumam sua mala, cuidam da sua bagagem, há restaurante especial etc. É numa dessas suítes que se hospeda o Rei. Todos os demais passageiros estão numa classe única: poderão usar todos os serviços e participar de todas as atividades a bordo do cruzeiro.

A ESCOLHA DA CABINE

▶ Cabines externas com sacada ou cabines externas com *obló* (vigia) — aquela janelinha redonda que ilumina o ambiente e deixa ver o mar. Ambas são consideradas nobres.
▶ Cabines internas: ótimas para quem gosta de escuro total, breu mesmo! Balançam menos que as externas.
▶ Cabines no meio do navio balançam menos ainda.
▶ Pode acontecer de você parar justamente na cabine perto da casa das máquinas, embaixo do deque, ao

lado do salão de festas etc. Além disso, o barulho do ar-condicionado e do próprio motor do navio fazendo manobras incomoda... Conclusão: protetores auriculares são verdadeiros salva-vidas num cruzeiro.

▶ Se houver alguma avaria na cabine que obrigue você a mudar, normalmente a companhia fará de tudo para oferecer um *upgrade*, ou seja, uma cabine melhor para compensar o aborrecimento.

O EMBARQUE

▶ A melhor maneira de chegar à estação marítima é de táxi — assim você evita perda de tempo estacionando o carro. No Brasil, as estações marítimas começam a dar mais comodidade ao passageiro — com ar-condicionado e bons banheiros. Antes dessa moda de cruzeiros, elas eram mais aparelhadas para carga.

▶ As agências de turismo costumam oferecer ônibus para o traslado. Nesse caso, só não pode dormir na última poltrona, como aconteceu com a goianiense Elis Cristina Arataque, a caminho do porto, em Natal (RN).

"Acordei em uma garagem, no ponto final do ônibus, sem que ninguém tivesse dado por minha falta. Comecei a bater na porta do ônibus, pois estava trancada, e logo veio o motorista, surpreso, me dizendo que eu estava a mais de uma hora do porto. Aos prantos, liguei para minha irmã para que ela avisasse a companhia sobre o meu atraso.

O motorista do ônibus foi muito cordial comigo, pegou o próprio carro e me levou até o embarque. Consegui chegar a tempo de conhecer um dos lugares mais lindos que já vi: Fernando de Noronha!"

- O navio atraca pela manhã, no horário marcado na passagem. Como o número de pessoas a bordo, em média, é de 3.500, o embarque completo pode demorar até seis horas. Porém, a vantagem é que, ao embarcar, o passageiro já pode usufruir de todos os benefícios a bordo: ir para a piscina, almoçar, usar academia etc.

- Não há limite de bagagem por passageiro. Porém, lembre-se de que um casal com quatro volumes vai ter que se apertar na cabine com a bagagem e futuras sacolas de compras.

- Dependendo do local, o navio pode ficar a certa distância do porto. Nesse caso, a companhia fará o traslado dos passageiros por meio de transportes marítimos locais.

- A decoração e a programação de cores dos navios atuais facilitam muito a sua localização — há ambientes temáticos, bares, academias etc., e um deles sempre servirá como sinalização para a sua cabine. De qualquer modo, perca um tempinho estudando o mapa do navio para não desperdiçar horas indo e voltando pelo mesmo corredor...

- Você recebe *diariamente* o seu jornal de bordo com a programação detalhada do dia seguinte, tanto das atividades do navio quanto das saídas para conhecer pontos turísticos. Por exemplo: às 8h, passeio no Pão de Açúcar, e assim por diante.

VIDA A BORDO

Num cruzeiro, parte das pessoas aproveita as paradas para fazer turismo, e outra prefere curtir a vida a bordo. Em ambos os casos, você sempre estará na companhia de centenas de pessoas. Por isso, antes de começar a reclamar, saiba que:

- ▶ Carnaval é a ocasião mais festiva e barulhenta. Ninguém dorme, a animação dura dias...
- ▶ *Réveillon*, Natal e Páscoa são ocasiões especiais, com tudo pensado para agradar famílias inteiras, o que significa muitas crianças... Embarque no espírito de escoteiro ou escolha outra data.
- ▶ O último dia de qualquer cruzeiro é sempre o mais agitado, especialmente pelas despedidas entre as pessoas que já criaram laços a bordo. É um dia cheio de surpresas. Dica: não deixe suas arrumações para a última hora.
- ▶ Inútil reclamar da lentidão do serviço dos restaurantes. Num transatlântico, ninguém atende simultaneamente 3.500 hóspedes, mesmo que uma parte opte por jantar no primeiro turno (início da noite); outra, no segundo turno (horário nobre); e a última prefira o bufê à beira da piscina. Calcule ao menos uma hora

e meia para cada refeição à mesa. Para o bufê, conte com longas filas.

- Crianças acima de três anos, assim como adolescentes, contam com atividades supervisionadas, num verdadeiro clube de férias! Pais podem descansar. Mas não abusem dos pobres monitores abandonando seus filhos para sempre com eles...
- Condições climáticas adversas podem impedir o seu sonhado passeio em Veneza. Paciência. O mar e os ventos são incontroláveis e podem interferir no roteiro pré-programado. A companhia fará o possível para compensar os viajantes com roteiro e programações adicionais.

SUA SAÚDE

- Os navios possuem hospital e serviços médicos para atender os passageiros com problemas de saúde e responder a situações de emergência. Isso não quer dizer que realizem cirurgias complicadas a bordo! Em casos graves, providencia-se o resgate do paciente e sua internação em hospitais parceiros da companhia, ou conforme a cobertura do seguro-saúde do passageiro. Atenção: todo atendimento médico feito a bordo é pago à parte. Até um simples curativo pesará muito no seu bolso.
- Uma série de ações faz parte da rotina do navio para garantir o bem-estar dos passageiros. Por isso, não se surpreenda se órgãos sanitários internacionais e nacionais baixarem para o controle de saúde e limpeza. Eles

podem examinar as mãos dos passageiros, inspecionar as cabines, exigir testes antidoping, de gravidez etc.

► Os passageiros são alertados para evitar consumo de certos alimentos fora do navio — como sucos, bebidas com gelo — e outras advertências comuns em viagens. A alimentação interna passa por controle rígido de órgãos sanitários, e amostras são congeladas para comprovar a qualidade do produto consumido.

► Cachorros podem visitar as cabines para fazer controle de drogas. O passageiro (ou os tripulantes na mesma situação) é desembarcado imediatamente caso haja irregularidades.

POR MAIS QUE VOCÊ FIQUE ÍNTIMO DA TRIPULAÇÃO, NÃO INSISTA EM:

► Pagar à camareira para trabalhar como *baby-sitter* ou qualquer serviço para crianças menores de três anos. É proibido.

► Ter um caso com aquele *maître* que mais parece o George Clooney. Se ele for descoberto, será desembarcado do navio pelo comandante.

► Participar da festinha da tripulação. De fato, são as mais animadas. Porém, fechadas.

► Pedir para que sua prima de Salvador lhe faça uma visitinha quando estiver em escala por lá.

► Mudar a programação das excursões turísticas. Não há jeitinho que resolva. Se você foi avisado no seu jornal diário de bordo da mudança de fuso horário e não prestou atenção, azar. Não há como mudar a excursão de pelo menos trezentas pessoas por sua causa.

COMPRAS Estando em águas internacionais, o comércio é no regime *duty-free*, com preços internacionais.

LADRÃO DE CASACA Por incrível que pareça, há roubos em navios. Guarde o que for de valor no cofre e nem pense que está em casa, espalhando bolsas e objetos pessoais por onde passar. E mais: saiba que os roubos, em geral, não são cometidos pela tripulação... Bonito, não é?

ESQUECERAM DE MIM

Se por qualquer razão você se perder em terra firme durante uma visita turística, a tripulação terá como localizá-lo por meio do código do seu cartão magnético. Caso não dê para buscá-lo imediatamente (pois logo ao final do embarque a tripulação anuncia o nome do passageiro por alto-falante), a companhia providenciará traslado, quase sempre de avião, para reembarque na escala seguinte. Má notícia: você pagará por todos os custos.

GORJETAS

A maioria das equipes de bares e restaurantes e camareiros que formam a tripulação compõe o salário com as gorjetas. Algumas operadoras de turismo já incluem esses valores no total do cruzeiro (gorjetas pré-pagas). Também há a possibilidade de encontrar uma lista-padrão no quarto do hóspede, que contém envelopes com os nomes dos tripulantes ou funções para o pagamento das gorjetas. É norma internacional dar gorjetas a camareiros, garçons e *maîtres*. Crianças não pagam. O valor também costuma ser menor para a turma entre 14 e 17 anos.

- No navio (mesmo no Brasil), a moeda corrente é o dólar. Mas como você já registrou seu cartão de crédito, não precisa de moeda sonante. Abaixo os preços sugeridos para adultos:

MAÎTRE (comanda os garçons e é responsável pelo atendimento geral): US$3,50 por pessoa (pelo cruzeiro)

GARÇOM: US$3,50 por pessoa (por dia)

AJUDANTE DO GARÇOM: US$1,75 por pessoa (por dia)

CAMAREIRO: US$3,50 por pessoa (por dia)

Além da gorjeta, outra forma de gratificar o colaborador é preencher a pesquisa de satisfação ou cartão de comentário ainda no navio, citando o nome do tripulante e todo o profissionalismo com o qual o hóspede foi atendido. Isso, em muitos casos, pode virar uma promoção para o tripulante.

DESEMBARQUE

Em sua última noite de cruzeiro, você será alertado para deixar suas bagagens prontas — facilitando assim o desembarque. Lembre-se de deixar separada a roupa que vai vestir no dia seguinte e a bagagem de mão, com artigos pessoais e documentos, para não sair de pijama do navio.

ALFÂNDEGA Em viagens internacionais, funciona como no aeroporto. Na volta para casa, alguns passageiros serão escolhidos para verificação da bagagem.

DICA DE VIAGEM PARA QUEM QUISER FUGIR DO CRUZEIRO CONVENCIONAL:

▶ Aproveite a programação de grandes transatlânticos quando estiverem fazendo sua travessia anual, depois da alta temporada — quase sempre bem mais vazios. Duas opções: saindo do Brasil de avião, em novembro ou em março, para a Europa. Lá, escolha um cruzeiro que passe quinze dias por vários países europeus e, depois, faça a travessia de volta ao Brasil. Ou saindo do Brasil de navio, em novembro ou março, passando quinze dias por vários países da Europa; volte de avião.

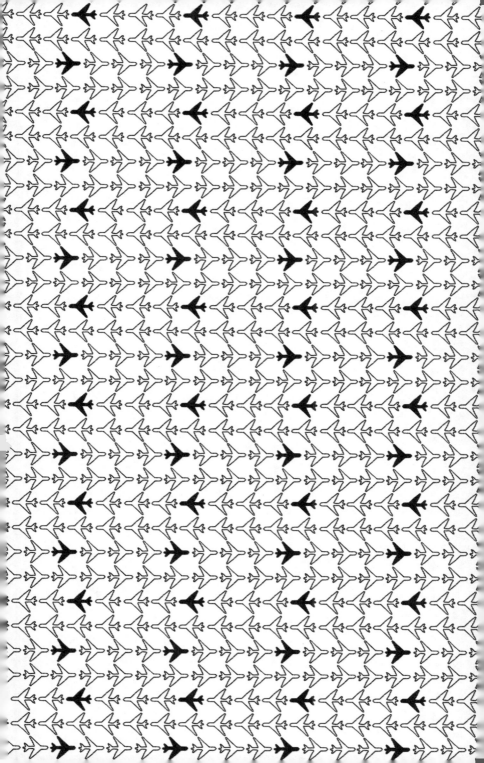

7

EM TERRA

NO HOTEL

Por indicação de amigos, pesquisas na internet ou por recomendação da agência, você chegou ao hotel onde vai viver os seus dias de hóspede. E, embora esteja pagando, lembre-se de duas coisinhas: (1) você não está em casa; (2) o lugar também tem suas regras. Leia com atenção as instruções, quase sempre deixadas no criado-mudo, na mesinha do quarto ou atrás da porta; lá você vai saber o horário para o café da manhã, como chamar os serviços de quarto, o funcionamento de telefone, internet e restaurante, onde ficam as toalhas para a piscina etc. Chegando ao quarto, abra armários, veja se tem cabides suficientes, verifique o estado de travesseiros e cobertores, cheque se as toalhas são suficientes, teste controles remotos de TV e ar-condicionado, ligue o chuveiro e aprenda a esquentar a água. Só depois dessa geral é que você vai poder se acomodar e se sentir instalado.

▶ No momento do check-in — quando você apresenta as suas reservas e preenche a ficha de entrada —, informe-se sobre a duração das diárias. Em geral, não importa a hora de chegada, diárias de hotéis vencem às 12h. Passou desse horário, você deverá liberar o quarto para outro hóspede. Ou, caso não haja problema de lotação, sua diária será estendida. Qualquer mudança, nesse caso, tem que ser negociada logo na chegada. Não tem choro nem jeitinho que resolva depois...

- Diária vencida não quer dizer que você será expulso do hotel e suas malas, jogadas no meio da rua. Se seu voo for tarde da noite, faça o check-out no horário normal, deixe a bagagem no guarda-malas do próprio hotel e volte para pegar na hora de ir para o aeroporto. Há hotéis que estendem o horário de saída — especialmente aos domingos, finais de semana prolongados e feriadões. Informe-se.
- Sabe aquelas coisas de valor, como joias e passaporte, que vieram grudadinhas em você? Pisou no hotel, devem ir direto para o cofre.
- Muitos itens ou serviços de hotelaria são cobrados à parte: fitness, internet, itens do frigobar, telefone, lavanderia etc.
- Carregue sempre com você o cartão do hotel. Além de ser a chave do seu quarto, acender luzes e ligar o ar-condicionado, traz o endereço de onde você está hospedado em caso de se sentir perdido pela cidade.
- Na porta do hotel, você pode pendurar a famosa mensagem *"do not disturb"* para que ninguém venha perturbá-lo. Há quem acredite ser chamariz para possíveis roubos. Não parece verdade, ao menos nos bons endereços. Já a mensagem *"please, make up room"*, ou "favor arrumar o quarto", é útil — evita que você volte louca por um banho e dê de cara com a camareira em plena atividade.
- Fale baixo. E, nos corredores, sussurre.
- Maneire no volume da televisão — especialmente à noite, quando os ruídos parecem ligados num amplificador.

- Consumo de frigobar e de telefone pode pesar mais no seu bolso do que a passagem de avião.
- Evite encher o prato com todas as opções que o sistema *self-service* do hotel oferece, como se fosse a última refeição da sua vida.

A QUEM DAR GORJETAS

Dar gorjeta não é um gesto obrigatório. Em países como o Japão, pega mal receber qualquer gratificação. Mas, no Ocidente, tornou-se de tal modo habitual que a equipe que presta serviços diretamente ao hóspede passou a esperar por isso. No Brasil não há uma tabela fixa. Você pode se basear em referências internacionais.

CARREGADOR DE MALAS: um dólar por mala.

CAMAREIRA: no Brasil fica entre dez e vinte reais, principalmente quando a estada passa de duas diárias. Em outros países, varia de cinco a dez dólares por noite.

RAPAZ QUE SERVE O ANDAR (*ROOM SERVICE*): em torno de 10% da conta.

CAPITÃO-PORTEIRO (CHAMA O TÁXI): não é usual dar gorjetas. Mas caso ajude com bagagens ou tente encontrar táxi na rua, recomenda-se um dólar ou mais.

CONCIÈRGE (PRESTA TODO TIPO DE INFORMAÇÃO E SERVIÇOS: DESDE A RESERVA DE RESTAURANTES À COMPRA DE ENTRADA PARA ESPETÁCULOS OU CONFIRMAÇÃO DE VOO): dez reais ou mais.

O TURISTA EM RESTAURANTES E BARES

RESTAURANTES NACIONAIS Cobranças de 10% do valor total. Em geral, já está incluso na conta, mas sendo o pagamento desse percentual opcional.

Na maioria dos países, o salário fixo dos colaboradores também é complementado pelas gorjetas. Nos Estados Unidos, normalmente os restaurantes esperam de 15 a 20% de gorjeta, e na maioria dos restaurantes europeus a taxa de 10 a 15% já vem inclusa na conta, mas, se o serviço foi extraordinário, pode-se deixar um pouco mais.

BARES A gorjeta gira em torno de 10% nos bares dos Estados Unidos. Espera-se um dólar de gorjeta a cada drinque solicitado ao *bartender*, que normalmente é pago no ato do pedido. Já no Reino Unido, não é usual dar gorjeta em *pub*. Caso esteja impressionado com o serviço, o cliente pode oferecer uma bebida como forma de agradecimento.

HÓSPEDE NA CASA DOS OUTROS

Os parentes (ou amigos) insistiram no convite, e vocês acabaram aceitando se hospedar na casa deles. Pois para que continuem a ser bem-vindos e, sobretudo, queridos, alguns cuidados têm que ser tomados, além de um presente que, naturalmente, tem que ser dado e muito bem-escolhido como prova de agradecimento. Por mais intimidade que se tenha com seus hospedeiros, hóspede tem data certa para chegar e para partir. Nada pior do que o tipo que estica a estada, por mais divertida que esteja. Outras pequenas regras fazem da temporada na casa dos outros um prazer para todos, e não um tormento desesperador:

- Tratem a casa deles como se estivessem num palácio. Cuidem para não molhar mesas com copos gelados, não deixar cinzeiros sujos na sala ou mesmo no quarto, não deixar o banheiro molhado depois do banho.
- Façam algumas gentilezas para os anfitriões, como levar o cachorro para passear, trazer flores, ir para a cozinha e preparar uma comidinha, levar a criança da casa ao cinema.
- Nunca tratem as pessoas que trabalham na casa como se fossem seus empregados: nada de pedir comidas especiais ou uma bainha rápida para a calça nova; usar a secretária para marcar seus encontros; e muito menos ainda pedir que comprem outra marca de adoçante.
- Não percam a chave da casa, não fiquem horas ao telefone, não façam interurbanos. Não deem trabalho!
- Não usem o computador dos donos da casa como se estivesse numa *lan house*. Se precisar, peçam licença (a cada vez).
- Ao sair, deem gorjeta para quem ajudou na estada.
- Levem um presente para os donos da casa: pode ser um vinho, uma cachaça para a caipirinha, um bom azeite ou algumas delícias para a hora do aperitivo. Se você tiver algum pendor para *chef*, compre os ingredientes e

prepare uma massa ou uma sobremesa do seu caderninho de receitas.

► Férias foram feitas para relaxar, mas não sejam folgados. Tratem a casa de seu anfitrião tão bem quanto trata a sua (ou até melhor). Não deixem a cama desarrumada e mantenham suas roupas em ordem.

► Cada casa tem a sua dinâmica. Por isso, respeitem os horários e hábitos do lugar: se o almoço vai para a mesa às 14h, estejam prontos e não atrasem, ou avisem com antecedência que não vão comparecer.

► Se vocês não têm um banheiro próprio, pendurem suas toalhas molhadas na área de serviço. Aliás, perguntem se vocês precisam levar toalhas e roupas de cama.

► Fiquem atentos e vejam se os donos da casa não precisam de alguma ajuda. Ofereçam uma mãozinha antes que lhes peçam alguma coisa...

► Circular de pijama pela casa dos outros é horroroso. Vistam uma roupa antes de sair do quarto.

Dessa maneira, todo mudo vai se lembrar com prazer da visita. E o convite será sempre renovado.

BOAS COMPRAS

Fora do seu país, dá a impressão de que toda compra vale a pena, seja porque você nunca viu antes ou porque fica na ilusão de que levará uma parte da emoção que cada lugar despertou. Os *souvenirs* irresistíveis dos museus, as ofertas das livrarias, as comidas de sabores únicos, as roupas e acessórios, às vezes tão desejados por aqui, estão lá, à sua frente, e ainda por cima em liquidação!

Como não transformar a sua viagem num entra e sai de provador, de lojas e de espera em filas de caixas?

- ▶ Melhor ir sozinho às compras, assim não estraga o programa turístico de ninguém. Reserve um tempo folgado. Compras de última hora feitas na correria são ruins (e saem caro) em qualquer lugar do mundo.
- ▶ Se você vai permanecer por vários dias numa cidade muito diferente da sua, aproveite para temperar seu guarda-roupa, comprando uma peça ou outra por lá. Além de variar seu visual, vai deixar você mais parecido com as pessoas nas ruas...
- ▶ Cuidado com as compras étnicas. Muitas peças maravilhosas — como um *shalwar qamiz* (aquela calça fofa afunilada nos tornozelos usada no Paquistão) ou uma estátua de macaco balinês — fazem sentido quando você está lá, no clima da viagem. Aqui (felizmente, aliás), vão parar no fundo do armário.
- ▶ A numeração de calçados e roupas não é a que você conhece. Experimente.

MOMENTO *DUTY-FREE* OU MOMENTO *FREE SHOP*

- *Duty-free* é a isenção de impostos que o turista ganha ao comprar produtos nas zonas livres dos aeroportos internacionais. Embora as grandes marcas internacionais tenham lojas nesse espaço, não pense que vai encontrar por lá tudo o que viu nas mesmas lojas da cidade. Os artigos *duty-free* são bem mais limitados e muitas vezes feitos especialmente para esse tipo de loja.

- Hoje é possível fazer encomendas pela internet e retirá-las no *free shop* do seu país de origem, sem enfrentar filas. Ótimo, especialmente para bebidas e outros comestíveis. É cada vez mais difícil transportar esse tipo de volume nos voos internacionais.

- A França pratica o *détaxe*, um sistema de reembolso do imposto sobre valor das compras que o turista fizer igual ou acima de 175 euros, numa mesma loja e no mesmo dia — em todo o país. O procedimento acabou aceito nos países da União Europeia, assim como na Argentina (*tax-free*), Canadá (*goods and services tax*), cada qual com seu piso para aplicar os descontos etc.

- Quase sempre, esses países deixam fora do reembolso: serviços (locação, hospedagem), alimentos, cigarros, pedras preciosas avulsas etc. Até o momento, o Canadá é o único a permitir devolução de impostos pagos por hospedagem.

- Algumas lojas caríssimas costumam elevar o valor mínimo para dar o desconto, apesar da legislação...

Na hora de pagar a compra, você deverá apresentar o passaporte e preencher o formulário de reembolso para apresentá-lo na alfândega, no momento de saída do país, junto com as mercadorias e as notas de compras. Assim, você e a loja têm direito à devolução dos impostos — que chegam pelo correio, pelo cartão de crédito ou em espécie, no próprio banco do aeroporto.

Os grandes magazines costumam reservar uma área para esse trâmite, e já existem até empresas especializadas em providenciar a restituição para o turista.

► No dia de viajar, lembre-se de carregar na bolsa as notas de compras e o formulário da *détaxe*, junto com o seu passaporte — separados do resto da sua papelada. Não se esqueça de colocar essas compras especiais por cima de tudo na mala, já que é possível que o policial queira conferi-las.

► A maioria dos estados americanos não aderiu ao *tax-free*!

Tabela comparativa de numeração de calçados — só para você ter uma base:

BRASIL	ESTADOS UNIDOS	EUROPA	REINO UNIDO	JAPÃO
NÚMERO	NÚMERO	NÚMERO	NÚMERO	NÚMERO
32	2,5	34		21,5
33	3	35	2,0	22
	3,5		2,5	22,5
34	4	36	3,0	23
35	4,5	37	3,5	23,5
	5		4,0	
36	5,5	38	4,5	24
37	6	39	5,0	24,5
	6,5		5,5	
38	7	40	6,0	25,5
39	7,5	41	6,5	26
	8		7,0	
40	8,5	42	7,5	26,5
	9		8,0	
41	9,5	43	8,5	27,5
42	10	44	9,0	28
	10,5		9,5	
43	11	45	10,0	29
	11,5		10,5	
44	12	46	11,0	29,5
45	12,5	47	11,5	30

8

TURISMO EXÓTICO

Meninos, eu vi (aconteceu comigo): na Tailândia, tive acessos de riso ao ver um amigo ser obrigado a colocar uma saia longa, estampadinha, por cima da bermuda para poder entrar nos templos e nos palácios. Era de dar pena ver aquele homem, normalmente muito elegante, de tênis, camisa polo, boné e óculos escuros, subindo e descendo as escadarias dos monumentos com sua saia de algodão presa por um elástico na cintura! Tenho fotos inesquecíveis do vexame.

Gafes como essas fazem parte da viagem a países de cultura muito diferente da nossa. O guia pago, nesses lugares, é uma *grande segurança* para enfrentar o desconhecido. Sem eles, fica difícil negociar preços e entender as mudanças bruscas de regras — como aconteceu com o amigo da Laís Campos, num passeio de camelo, no Egito:

"Eram dez horas da manhã, lá estávamos nós, de Alexandria até o Cairo, num ônibus repleto de turistas de todas as nacionalidades, sob o sol de 40°. Aquela imensidão do deserto fazia parceria com os comerciantes e ambulantes poliglotas... Se der bom-dia a um deles, aí complicou, eles ficarão no seu pé até que vista um turbante e suba no camelo. Meu amigo resolveu montar por dez dólares, dez minutos. Passado um tempo, comecei a ver a movimentação dos gringos de volta para o ônibus, para prosseguir a excursão pelo deserto. A guia turística egípcia, que falava perfeitamente italiano, fechou a porta. Nada do meu amigo! Saí para procurá-lo e logo o avistei, em cima do camelo, gesticulando com o comerciante que resolvera cobrar vinte dólares pelo passeio. Naquela altura, todos nós já havíamos comprado todos os papiros, pirâmides e quinquilharias... Foi duro tirá-lo de lá sem pagar. No ônibus de volta, senti um alívio, pois quando não estamos em nosso território, a dimensão das coisas é bem diferente: a gente se sente areia no deserto!"

▶ Nesse turismo para lugares muito distantes dos nossos costumes e em que a língua é de fato uma barreira, a informação dada pelos guias de viagem, ou que você recebe diretamente do pessoal que trabalha nos navios ou do próprio *concièrge* do hotel, pode evitar problemas ainda maiores: deportação e até prisão!

▶ Nós, brasileiros, somos expansivos e comunicativos. Mas não expresse isso beijando todo mundo desde o primeiro contato, tocando o interlocutor que você mal conhece enquanto conversa, ou, pior, interrompendo quando ele fala. Trate todo mundo por "senhor" e "senhora" a menos que eles peçam o contrário. O ator norte-americano Richard Gere, budista de carteirinha, acostumado a visitar a Índia, foi condenado à prisão por três meses por ter beijado na bochecha a atriz de Bollywood Shilpa Shetty num evento público, ato ofensivo para os grupos de defesa dos valores hindus.

▶ Gestos e sinais não são tão universais quanto parecem! Até o movimento de "sim" e "não" com a cabeça pode ser invertido se você estiver na Tailândia. O popular "V de vitória" e o polegar para cima, tipo "positivo", são xingamentos na Austrália. A mão em figa tem forte conotação sexual na Romênia e na Grécia... Resumo: não se arrisque na mímica.

- Há muitas esquisitices pelo mundo. Desde 1992, por exemplo, é proibido mascar chicletes em Cingapura, como forma de evitar que sejam colados em bancos, portas com sensores etc. Em 2004, a lei foi revista para permitir a venda de chicletes sem açúcar para fins medicinais, mediante receita de dentistas e farmacêuticos. Olha só: chicletinho na bolsa é proibido.

- Nos templos asiáticos não se entra de sapatos. Não tente dar uma de espertinha guardando o seu na bolsa para não se perder entre os milhares do lado de fora. Se for descoberta, tomará uma advertência do mesmo jeito. A ideia é de que você está entrando em lugar santo, e, do vestuário, o sapato é considerado a peça mais suja.

- À mesa, sempre espere o sinal dos anfitriões antes de começar a comer. A diversidade nesse assunto é enorme. Observe e imite o pessoal da casa: se toma sopa com ruídos, faça o mesmo; se levanta a taça para o brinde, idem; se limpa o molho com o pão, limpe também...

- Espirrar, cuspir ou tossir ruidosamente na China, em Taiwan, em Hong Kong e na Coreia do Sul pode transformar você no inimigo número 1 da saúde pública. A densidade da população forçou um controle rigoroso das doenças virais — como a *influenza* ou a gripe suína. Contenha-se em público, ou pagará multas pesadas.

▶ Sabe a sua tia que fica magoada caso você recuse um prato? Na China é assim também. Finja ao menos experimentar...

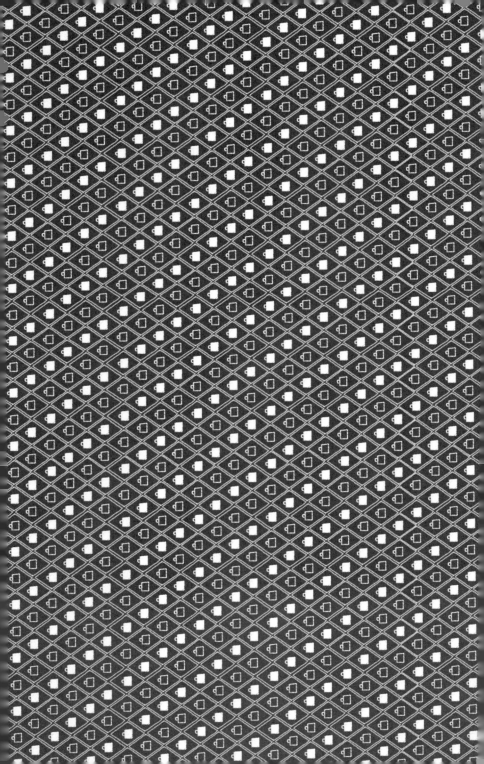

DE MALAS PRONTAS

9

A malha não combina com coisa nenhuma, o vestido fica péssimo com os sapatos que vieram, o paletó é pesado demais, e tem top de menos para calça de mais. Um inferno!

Mala errada é um tormento. Faz você se sentir uma pessoa incapaz, inadequada, sem noção. Fora o tempo que se perde em ir atrás de alguma roupa que combine com as peças desencontradas que estão ali na sua mala. Desacertos como esses podem ser minimizados se você checar direito a temperatura média do lugar para onde está indo, levar em conta os compromissos que vai ter e, especialmente, se não perder a cabeça e quiser levar roupinhas novas que comprou para inaugurar na viagem.

Pois pode ir tirando a cabeça das nuvens: em viagem a gente só deve levar roupas e sapatos com que a gente se dá muito bem; só peça tipo *amor correspondido*. Aquelas que já foram previamente testadas, amaciadas e conhecidas. Aquelas que a gente põe sem pensar muito, já sabendo com que acessório usar durante o dia e quais os que se pode acrescentar para mudar um pouco o visual para sair à noite. Quer uma ajuda? Olhe as listinhas/guia que preparamos para você.

VERÃO NA CIDADE

SEM PRAIA

Duração: 15 dias
Onde: cidades como Rio de Janeiro, Miami, Roma
Cores: cru, branco, bege, preto, 1 cor viva e 1 tom mais claro

1 paletó ou jaqueta de tecido + calça para a noite
1 paletó ou jaqueta de tecido + calça ou saia para o dia
1 calça cáqui para o dia
1 calça cápri cáqui ou de outra cor neutra para o dia
1 calça jeans
1 calça cápri preta
1 saia cáqui ou em outro tom neutro para o dia
1 saia leve
2 vestidos para a noite (1 preto, 1 colorido)
2 vestidos coloridos (1 estampado, 1 liso) para o dia
4 camisetas (2 coloridas, 1 branca, 1 listrada)
2 camisas, blusas ou túnicas (1 branca, 1 de outra cor)
4 tops decotados para usar embaixo dos paletós
    ou avulsos (regatas, de alcinhas)
1 par de sapatos de salto alto
2 pares de sandálias (1 para o dia, 1 de salto alto para
    a noite)
1 par de sandálias esportivas para o dia (baixa e colorida)
1 par de sapatilhas coloridas
1 bolsa esportiva maior
1 bolsa pequena para a noite
2 camisolas, pijamas ou camisetas para dormir

1 quimono de algodão

2 pares de meias soquetes (brancas)

4 sutiãs (2 brancos, 1 cor da pele, 1 preto)

8 calcinhas (4 brancas, 2 cor da pele, 2 pretas)

Para caminhadas/esportes: sua roupa favorita + tênis

SE A CIDADE TIVER PRAIA, ACRESCENTE:

2 bermudas (ou 1 bermuda e 1 short)

1 maiô e 2 biquínis

saídas de praia (canga, camiseta, camisa etc.)

1 chapéu ou boné

1 bolsa de praia

1 par de chinelinhos

INVERNO NA CIDADE

Duração: 15 dias

Onde: cidades como Buenos Aires, Paris, Nova York

Cores: duas neutras – 1 cor da estação, 1 cor forte

1 mantô neutro (preto, cinza ou marrom, que sirva
    para o dia e para a noite)

1 *trench coat* impermeável

1 jaqueta de couro, camurça ou nylon

1 blazer, paletó ou jaqueta na cor preta

2 calças pretas (1 para o dia, com *stretch*, 1 para a noite)

2 calças (uma cáqui, outra cinza)

1 calça jeans

1 saia preta

1 vestido *habille* (se tiver compromisso formal)

2 tops mais sofisticados para a noite (fru-frus, rendas, cetins); podem até ser decotados, pois, se você for dançar, os lugares normalmente são aquecidos

4 malhas leves (preta, bege e coloridas, listradas, de pouco volume: esquentam tanto quanto os malhões, sem fazer volume na mala)

2 camisetas brancas (de mangas longas)

2 camisetas pretas (1 de mangas curtas, 1 de mangas longas)

2 *camisetes* cor da pele, para usar sob as malhas

1 xale grande preto, vermelho ou estampado como saída noturna

2 cachecóis (1 preto, 1 colorido)

1 par de luvas

2 cintos (1 preto, 1 marrom)

1 par de sapatos resistentes para o dia

1 par de sapatos baixos para o dia

1 par de escarpins pretos para a noite

1 bolsona para o dia

1 bolsa pequena para a noite

1 quimono ou roupão

2 camisolas ou pijamas

2 meias-calças grossas (1 preta, 1 vermelha)

1 meia-calça preta fina

4 pares de meias soquete (2 pretos, 1 marrom e 1 branco)

4 sutiãs (2 brancos, 1 cor da pele, 1 preto)

8 calcinhas (4 brancas, 2 cor da pele, 2 pretas)

Para caminhadas/esportes: sua roupa favorita + tênis

INVERNO NO CAMPO

Duração: 15 dias
Onde: cidades tipo Campos do Jordão, Petrópolis
Cores: azul-jeans, preto, 1 cor neutra (cáqui, marinho ou marrom) e cores vivas para lãs

1 jaqueta impermeável de nylon
1 jaqueta jeans
1 jaqueta de couro
1 poncho, pelerine ou xale grande
2 calças jeans
4 calças (2 mais leves, 2 mais quentes, sendo 1 preta para a noite)
1 camisa (xadrez, jeans ou branca)
1 saia ou minissaia (pode ser jeans)
1 bermuda ou short
5 malhas de lã (1 de gola alta, 2 redondas, 2 em V)
4 camisetas de mangas longas (1 preta, 1 branca, 2 coloridas)
2 camisetas de mangas curtas (1 preta, 1 branca)
1 par de botas marrom
1 par de botas pretas para a noite
1 par de sapatos baixos de amarrar
1 par de chinelos invernais (opcional)
1 mochilão para o dia
1 bolsa para a noite
2 cintos
vários cachecóis, gorros, luvas
1 quimono ou roupão

2 pijamas
6 pares de meias soquetes (2 brancos, 2 escuros,
   1 preto e 1 para dormir)
4 sutiãs (2 brancos, 1 cor da pele, 1 preto)
8 calcinhas (4 brancas, 2 cor da pele, 2 pretas)
1 maiô + 1 par de chinelinhos (para sauna ou piscina
   aquecida do hotel)
Para caminhadas/esportes: sua roupa favorita + tênis

FÉRIAS DE VERÃO NA PRAIA
(COM OPÇÕES DE ROUPAS PARA NATAL E *RÉVEILLON*)

Duração: 15 dias
Onde: praias como Trancoso, Pipa, Porto de Galinhas
Cores: branco, cru, bege, 1 cor viva e 1 tom mais claro

2 cardigãs leves ou malhas-rede mais chics para se
   proteger do vento noturno
1 jaqueta leve de jeans ou moletom
1 jaqueta de nylon com capuz ou capa plástica
   (sempre chove no verão)
1 calça de brim leve (marinho, areia, cáqui, colorida)
1 calça de viscose estampada tipo Bali ou saia jeans
   para a noite
2 bermudas
2 shorts
2 *leggings* ou 2 saias (1 minissaia jeans e 1 curta ou longa)
1 túnica ou vestidinho curto para a tarde ou a noite

1 vestido branco de algodão, curto ou longo, bordado, especial para a noite de *réveillon*

1 vestido estampado para a noite de Natal, curto ou longo, dependendo da moda

4 camisetas/tops coloridos (regatas, ou tops mais fashion)

2 camisetas brancas (1 simples, 1 mais caprichada)

2 blusas leves (bordadas ou com detalhes diferentes)

2 camisas brancas (embora só aguentem ser usadas uma vez cada)

5 biquínis

2 maiôs inteiros

4 saídas de praia (canga, camiseta, vestidinho, túnica, que não façam volume na mala)

1 boné e 2 chapéus (1 para a praia, 1 para sol)

2 havaianas (ouro e prata)

1 par de sandálias baixas de cor neutra

1 sandália para a noite

1 sacolona para a praia

1 *clutch* de palha para a noite

2 camisetas para dormir

1 quimono de algodão

3 pares de meias soquetes (brancas)

3 sutiãs (1 branco, 1 preto, 1 cor da pele)

8 calcinhas (brancas, pretas, cor da pele)

lencinhos para o cabelo e bijus à vontade

Para caminhadas/esportes: sua roupa favorita + tênis

VIAGEM DE NEGÓCIOS

Duração: 7 dias
Onde: eventos, congressos, feiras, convenções
Cores: preto, branco, bege ou cáqui + 1 cor da moda

1 terno ou *tailleur* preto (blazer + saia + calça)
1 terno ou *tailleur* de cor neutra – cáqui, marinho, bege
    (blazer + saia + calça)
1 jaqueta ou paletó avulso que combine com as calças
    ou saias dos outros ternos (xadrez, risca de giz)
1 jaqueta de couro ou tecido (não jeans)
1 suéter leve
1 cardigã
1 calça preta, cinza ou marinho
1 vestido preto para a noite
2 vestidos para jantar (podem ser do tipo envelope
    de jérsei, que são femininos e não ocupam muito
    espaço na mala)
2 camisetas brancas
2 camisetas pretas
1 camiseta listrada preta e branca
2 camisetas coloridas
2 blusas para a noite (renda, fru-frus, cetim)
2 camisas brancas
1 par de escarpins para o dia (altos ou baixos)
1 par de escarpins pretos
1 par de sandálias de salto alto para a noite

2 bolsas (você não vai ficar trocando de bolsa; basta uma grande para o dia e a pequena para a noite)

2 cintos

3 lenços ou echarpes

2 pares de meias soquetes

3 sutiãs (1 branco, 1 preto, 1 cor da pele)

5 calcinhas (3 brancas, 1 preta, 1 cor da pele; meias--calças – neutras e coloridas)

1 roupão

1 camisola

1 chinelo

Para caminhadas/esportes: sua roupa favorita + tênis

OBSERVAÇÃO PARA A MALA DE NEGÓCIOS Não se espante nem ache caretice a recomendação de terninho ou *tailleur* para as viagens de negócios. Ninguém está falando em terno masculino ou *tailleur* com cara de uniforme de generala do exército. Nenhum desses modelos precisa nem deve ser supertradicional. Ao contrário, varie nas proporções das peças de modo que fiquem bem atualizados. Por exemplo: faça a saia no formato A, se ele vestir melhor para o seu biótipo, e paletós mais ajustados, com detalhes da moda. O mesmo vale para calças, mais afuniladas ou largas, de tecidos modernos, que não amassem. Paletós e saias ou calças podem inclusive ser de padrões diferentes para justamente não ficar com cara de uniforme.

NA MALA MASCULINA

Vai num dia, volta no outro? O *nécessaire* e os apetrechos eletrônicos são os mesmos que você levaria se fosse passar um mês fora. Aqui, lembretes para qualquer tipo e tamanho de mala.

NÉCESSAIRE

produtos para a barba (a seu modo: creme, barbeador, pós-barba... o que estiver acostumado a usar)

pente, xampu e os produtos de cabelo a que estiver habituado

desodorante

escova de dentes, pasta e fio dental

algum hidratante

perfume

remédios habituais e alguns band-aids, camisinhas e cotonetes

protetor solar

NA MALA

estojo de unhas (trim, lixa, tesourinha)

máquina de cabelo (e de pelos em geral)

óculos escuros e de leitura

parafernália de lentes de contato (se usar)

1 miniguarda-chuva

adaptador de tomada

fonte de computador e mouse avulso (se usar)

carregador de celular e *tablet*

Não esquecer meias, cuecas e cintos suficientes, além de roupa completa com tênis para um esporte ou caminhada

NA MALA DE MÃO

Leve com você uma cueca, um par de meias e uma camiseta ou camisa polo branca ou preta (manga longa ou curta, dependendo da estação) para o caso de extravio da bagagem

NAVIO: TUDO O QUE VOCÊ TEM QUE LEVAR NA MALA PARA CURTIR EM ALTO-MAR

Duração: 7 dias
Onde: América Central, Mediterrâneo ou pelo Brasil
Cores: preto, branco, bege ou cáqui + cores da moda

PARA A PISCINA

2 ou 3 biquínis, para a piscina
pareôs ou saídas de praia
uma boa sacola de palha ou de plástico para colocar protetor solar, óculos, pente, carteira, o livro que você levou para ler quando tivesse um tempinho
chapéu
chinelinho

PARA O DIA

1 jaqueta impermeável de nylon colorida
2 camisas brancas
2 bermudas
2 calças claras (cru, areia, branca, cáqui)
1 calça azul ou jeans
1 tricô leve, tops e camisetas
1 saia longa de algodão ou vestido (colorido ou estampado)
1 sandália baixa
1 par de tênis

PARA A NOITE

3 vestidos leves de alcinhas, com decotes bonitos para a noite (informe-se antes sobre a programação, para ver se há pedido de algum traje específico — como a rigor, ou fantasia etc.) para a Festa do Capitão
2 calças compridas (sendo 1 preta)
4 blusas ou tops em tecidos mais preciosos, como cetim, seda ou *georgette*
1 par de sandálias de salto
1 saia esvoaçante
xales ou echarpes para o ventinho que sempre sopra à noite no mar
1 camisola
1 quimono de algodão
3 sutiãs (2 brancos e 1 preto ou cor da pele) e 5 calcinhas (3 brancas e 2 pretas ou cor da pele)

Para caminhadas/esportes: sua roupa favorita + tênis

FESTA DO CAPITÃO OU NOITE DO COMANDANTE Se o traje especificado for a rigor, as mulheres devem ir de vestido de baile longo (às vezes a moda libera e até favorece os curtos); decotes, transparências, brilhos, bordados e tecidos preciosos; sapatos, sandálias, joias ou bijus muito especiais. Para os homens: smoking tradicional. Hoje também está liberado o terno escuro para essa solenidade nos cruzeiros.

VIAGEM DE FINAL DE SEMANA

NA PRAIA, TEMPERATURA QUENTE

2 biquínis (ou 1 maiô, 1 biquíni)

1 canga

1 chapéu ou boné

1 bolsa para a praia

1 ou 2 saídas de praia

3 camisetas (brancas e coloridas)

2 bermudas (ou 1 bermuda, 1 short)

1 jaqueta bem leve ou de jeans branco/neutro

1 calça

2 vestidinhos (ou minissaias + tops para a noite)

1 sandália de praia

1 sandália ou sapatilha

1 sandália para a noite

1 quimono de algodão

1 camisola
2 meias soquetes brancas
2 conjuntos de lingerie
lenços, bijuterias e outros acessórios que não pesem
na mala
Para caminhadas/esportes: sua roupa favorita + tênis

TEMPERATURA "FRIOZINHO" NO CAMPO
2 biquínis (ou 1 biquíni e 1 maiô)
1 saída de piscina ou sauna
1 sandália para pés molhados
1 chapéu
1 calça jeans
1 calça de brim ou veludo para o dia
1 camisa jeans
1 camisa xadrez ou listrada
2 camisetas
2 bermudas
2 calças para a noite, ou 1 calça e 1 saia (ou minissaia)
1 malha ou blusa para a noite
1 cardigã
1 jaqueta ou 1 casaquinho de couro, camurça, jeans
1 par de botas
1 sapato baixo de amarrar
1 quimono ou roupão
1 camisola
1 meia-calça preta ou colorida
3 meias soquetes
2 conjuntos de lingerie

xales, echarpes, lenços e outros acessórios que não
pesem na mala

Para caminhadas/esportes: sua roupa favorita + tênis

A MALA DO BEBÊ (VIAGEM DE 7 A 10 DIAS)

1 lata de leite em pó é sempre garantia; não é em todo
lugar que se encontra a marca preferida do bebê

fraldas — diurnas e noturnas (de acordo com a
quantidade que o bebê usa): como é um item que
ocupa espaço na mala, compre as restantes no
lugar do destino: na farmácia no aeroporto ou
próxima ao hotel. Dê preferência às noturnas e
às específicas para mar e piscina que seguram
vazamentos (2 por dia)

cobertores universais, que se adaptam a qualquer
carrinho de bebê

2 cobertores de frio e mais 1 para troca de fraldas/
apoio

2 lençóis, pois nunca se sabe se o colchão do hotel ou
de onde vamos ficar hospedados está com cheiro de
mofo, poeira etc.

capa de chuva para carrinho de bebê

mosquiteiro para carrinho (se for praia ou campo)

carrinho de bebê — prefira os mais leves, de alumínio,
que cabem no banco traseiro de qualquer carro e
substituem a cadeirinha, obrigatória no Brasil.
Despache no check-in, eles embalam direitinho

boia de braço; 3 maiôs ou sungas (se houver piscina/ praia)

bonés ou toucas

body e regata (2 ou 3 por dia)

camisetas (ao menos 3 por dia). Para meninas, o coringa é o vestido (2 por dia)

culotes e camisetas à vontade

5 shorts

3 casacos leves e 1 pesado (calor). Ou 3 pesados e 1 leve (frio). Os de botões são os mais fáceis de pôr e tirar

1 casaco impermeável com capuz para proteger do vento

2 pares de sandália (calor) ou 1 sapato forrado ou bota forrada (frio)

2 pares de tênis

1 macacão impermeável forrado, com luva (vento e frio)

1 macacão de manga longa, ou *body* + meia-calça ou *legging* (menina)

2 macacões curtos

2 pares de meia por dia das curtas (calor). Para o frio, leve também as longas (tipo meia-calça para meninas), uns 5 pares e umas 3 *leggings*

2 pijamas

1 sabonete e 1 xampu infantis

1 pente e 1 escova

1 escovinha de dentes e creme dental (dependendo da idade)

pomada e mordedor, caso esteja na fase de romper dentinhos

protetor solar

cremes para assadura (um para prevenir e um para curar)

repelente para insetos e pomada para picadas

FIM DE VIAGEM

Este livro é para todos os que acham que o mundo é maior e mais interessante do que as paredes do próprio quarto.

Sou daquelas que acha que viajar é bom até quando dá errado. Como disse Carlos Drummond de Andrade: "Viajar é um prazer que nem sempre se saboreia em viagem."

Pois então que se saboreie em casa. Mas, ao menos, é algo para se saborear para sempre...